ヤマケイ文庫

ドキュメント 山の突然死

Kashiwa Sumiko
柏 澄子

目次

医療解説

神尾重則（呼吸器、落合クリニック）
上小牧憲寛（循環器、秋田労災病院）
齋藤　繁（麻酔・蘇生学、群馬大学）
橋本しをり（神経内科、東京女子医科大学）
増山　茂（呼吸器、了徳寺大学）
山本正嘉（運動生理学、鹿屋体育大学）
＊所属は二〇〇八年当時のもの。

写真提供

伊吹山北尾根＝牧田攻巳、山本武人
小仙丈ヶ岳＝川崎勤労者山岳会、渡邊 怜
魚野川＝モンテローザ山の会
チョ・オユー＝広木愛子、張少宏、橋本しをり
チョモランマ＝近藤謙司

＊本書は二〇〇八年七月山と溪谷社から発行された『ドキュメント 山の突然死』を文庫化したものです。

急性心筋梗塞・伊吹山北尾根

五十六歳・女性

遭難の状況

大量の汗

梅雨の晴れ間、台風が日本列島に接近している日だった。空は高曇り。場所は岐阜・滋賀県境の伊吹山《いぶきやま》。二〇〇四年七月三日のことだ。

きたろうハイキングクラブに所属する国枝宏子（六十四歳・以下年齢はすべて当時）は、同じクラブの白石美知子（五十六歳）を伊吹山北尾根の登山に誘った。クラブの名前はハイキングクラブであるが、国枝は八〇〇〇メートル峰登山も経験しているベテランだった。白石は登山を始めたばかりであったが、大阪府勤労者山岳連盟が主催するセミナーに参加する予定があり、そのためにテント山行に慣れておいたほうがよいだろうと国枝は考え、今回の山行を計画したのだ。

伊吹山ドライブウェイをバスで上がり、そこから国見岳を往復する。これが北尾根と呼ばれている稜線だ。その日はドライブウェイ終点からすぐの伊吹山山頂でテント泊。翌日に伊吹山スキー場方面の登山口に下りる予定だった。ふたりは、クラ

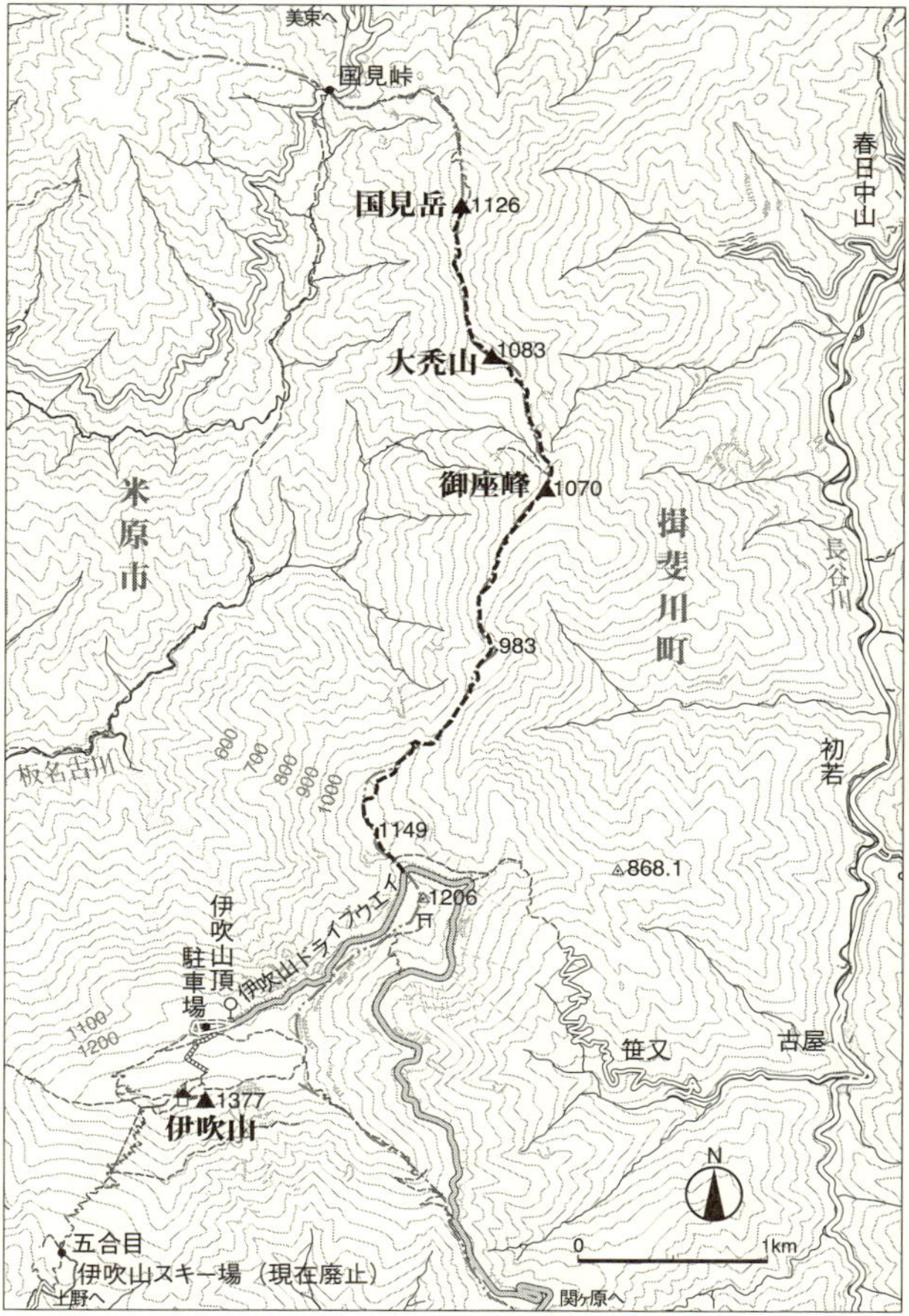

美束へ
国見峠
国見岳
1126
大禿山
1083
御座峰
1070
米原市
揖斐川町
春日中山
長谷川
初若
983
板名古川
600
700
800
900
1000
1149
868.1
1206
伊吹山ドライブウエイ
伊吹山頂駐車場
1100
1200
1377
伊吹山
笹又
古屋
N
0
1km
五合目
伊吹山スキー場（現在廃止）
上野へ
関ヶ原へ

ブの規則に従って五日前に計画書を提出してあった。

出発の前日、クラブの例会があり、牧田攻巳《おさみ》（六十歳）は国枝たちの計画を聞いた。「妻と一緒に行ってみたい」と思ったが急なことなので、牧田夫妻は自分たちでテントなどすべての装備を用意し、別行動という約束で伊吹山北尾根に行くことになった。リーダーの国枝は前夜遅くに、牧田たちが伊吹山に来ることを牧田本人からの電話で知った。

攻巳は例会のあとの飲み会に参加し、兵庫県尼崎市の自宅に戻ったのは夜の十一時を過ぎていた。そこで妻の牧田真理（五十六歳）に明日の登山について話をした。真理はきたろうハイキングクラブの家族会員であった。夫の攻巳ほど登山の経験はなかった。しかし、最近は毎週のように夫がハイキングや散策に誘い出し、週末は近郊の低山や社寺めぐり、花見などに同行していた。

攻巳には考えがあったのだ。彼が大阪の支社に転勤になったのは五年ほど前である。単身赴任したのち、その年の前年に真理を呼び寄せた。真理は、十五年ほど抗うつ薬を飲んでいたが、関西に来てから、友達がいないこともあり、一層さみしさを増していたようだった。また、ここ数年急激に体重が増えたことも、攻巳は気に

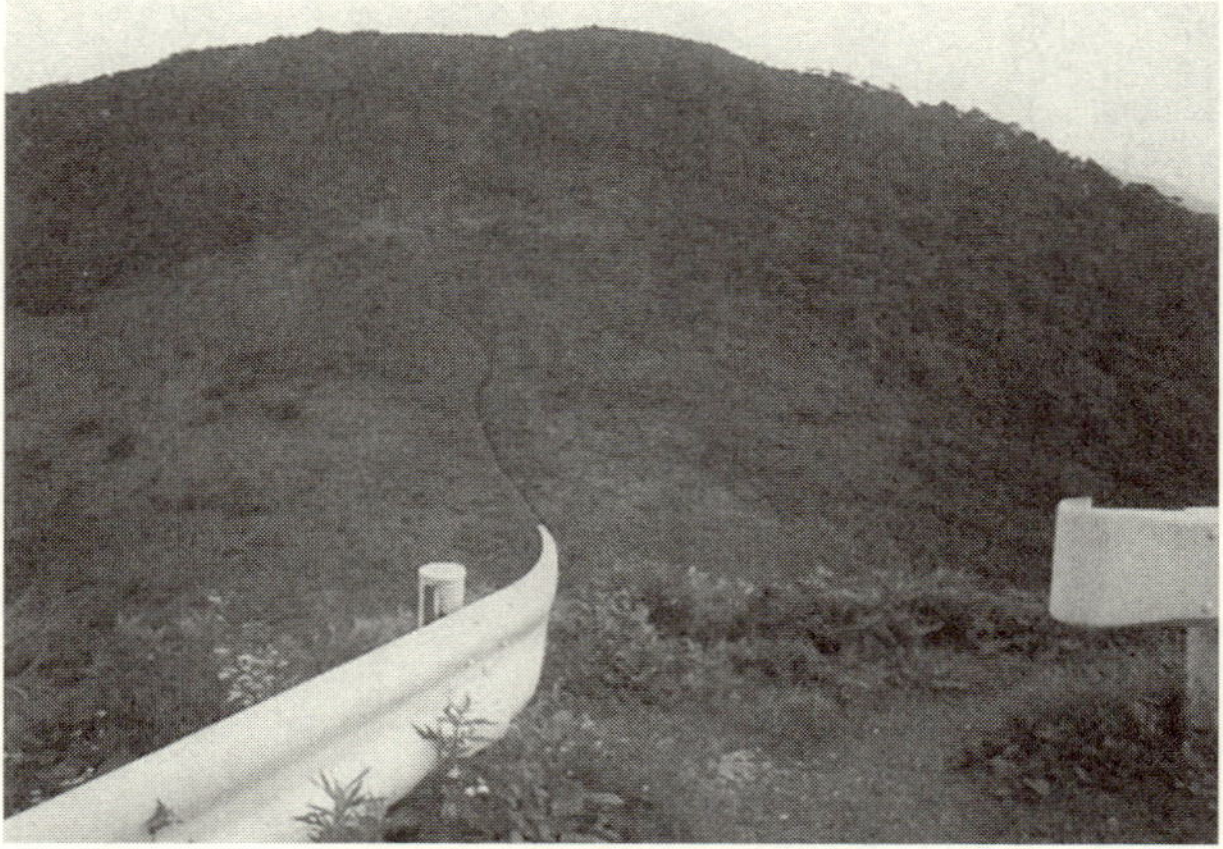

ドライブウェイから北尾根に入る登山口

なっていた。平日は家に閉じこもっていて、うとうと昼寝をしたり、やることもない日が続くので、週末ぐらい一緒に外に出かけようと思っていたのだ。山歩きや散策をして体を動かせば、体重もコントロールできて健康体になるかもしれないと思っていた。

翌朝五時、起床。真理は昼食用のおにぎりを作った。

八時十分、大阪を出発するバスの中で、白石は牧田夫妻が同じ山に行くことを初めて知った。真理とは初対面であった。途中から国枝もバスに乗車し、伊吹山ドライブウェイの終点に到着したのは十一時二十分。管理事務所の裏手に、テントなどの幕営道具をデポし、水と行動食、雨具、ヘッドランプなどの日帰りハイキング用装備だけを背負って、一行は北尾根に出発した。国枝たちと牧田夫妻はあくまで別パーティであったが、目指す方向が同じであったこと、同じクラブであったこともあり、ほとんど一緒に行動する結果となった。国枝は、牧田たちが北尾根登山口からすぐのピークまでを往復すると解釈していた。

バスで登ってきたドライブウェイを北尾根登山口に向かって下っていく。登山口を出発したのは十二時過ぎだった。国枝は当初、国見岳往復を考え、三時半をめどに引き返してくるつもりであった。

白石は初対面の真理が、腹回りが大きく登山に不向きの体型をしていたことや、それほどの経験がないと知り、ベテランの国枝の後ろを歩くように言った。きたろうハイキングクラブで、初心者はリーダーの後ろを歩くこと、パーティはいちばん弱い人にペースを合わせることを学んでいたからである。

北尾根はいくつかのアップダウンを繰り返しながら国見岳を経て、その先の国見峠に続いている。草原や樹林帯のなかを行く登山道はよく整備されていて歩きやすい。登山道は人ひとりが通れるほどの道幅であるが、尾根はなだらかで広いため、滑落の危険や緊張するような場所もない。国枝はこのコースを、視覚障害者や聴力障害者の登山者たちと二度登っている。無論彼らは登山に慣れているし、感覚が鋭く、またサポート体制もしっかりしているが、伊吹山北尾根は視覚や聴力に障害があっても安心して歩けるルートであるから選んでいるのだった。またバスツアーでもよく利用されるルートである点を考えても、歩きやすいルートであることがわかる。

真理にとっては、テント山行は二度目であるが、それほど無理なコースでもない。もし北尾根で疲れてしまえば、翌日はドライブウェイをバスで下るという手段もあったのだ。

伊吹山は高山植物が豊富なことで有名だ。真理は花や景色に喜びながら歩いていた。歩きはじめてから一時間後、昼食を取る。朝作ったおにぎりを食べ、ペットボトルの水を飲んだ。

御座峰《ござみね》に午後一時五十分到着。二十分休んだのちに出発した。大禿山《おおはげやま》到着は午後二時三十分。この時点で真理は手持ちの水をすべて飲んでしまっていた。真理の荷物はすべて攻巳が背負い、真理は空身で歩いていたが、攻巳はふたり合わせて五百ミリリットルしか水を持ってきていなかった。いくら攻巳がふだんからあまり水を飲まない性質であったとしても、少なすぎる量だった。

白石は、ふたりが五百ミリリットルしか持っていない理由は、急に山に行くことを決めたために準備不足で用意できなかったのかもしれないと考え、自分の水を分けた。しかし実際はそうではなかった。伊吹山にデポしたザックの中には水が入っていたし、攻巳はふたりで五百ミリリットルあれば足りるだろうと考えていたのだ。

白石と国枝からもらった水を真理はごくごくと飲んだ。「登山中の水は噛むように飲む」というたとえがあるが、真理はゆっくりと口に含むのではなく、いっぺんにたくさん飲んでしまった。その飲み方を見て心配をしたのは国枝だった。よほどのどが渇いていたのだろうと思った。当初は、午後三時三十分をめどに引き返す予定だったが、真理は疲れているのかもしれないと考え、国枝は大禿山で引き返すことに決めた。これには白石も同意した。

ガイドブックのコースタイムより十分オーバーしているだけであったが、無理は禁物と考えたのだろう。それに、国枝と白石の記憶では真理は大汗をかきながら

国見岳山頂付近から見た北尾根と伊吹山（右奥）

登っていた。登山用の吸汗速乾性素材の服ではなく、おそらくコットンだったので一層目立ったのかもしれないが、Tシャツもズボンもびっしょりだった。
　大禿山山頂での写真は、真理が元気な姿で写っている最後のものとなった。山頂の標識を脇に置き、正座するように座って笑って写っている。別段具合が悪そうな表情ではない。
　二十分休んだのち、午後二時五十分に大禿山を発った。往路を戻ることになる。国枝と白石は先行したが、牧田夫妻とはつかず離れずの距離だった。攻巳は高山植物をひとつひとつデジタルカメラに収めていた。そのたびに真理も足を止めて鑑賞していた。とくに御座峰の先に咲いていた白いホタルブクロには感激し、何度も「かわいい、かわいい」と繰り返し言っていた。その喜びようは国枝と白石も見ている。攻巳のデジタルカメラに残っている記録によると、午後三時二十九分のことだ。

それから少し経った午後三時五十分ごろ、真理は石につまずいて転倒してしまった。今回のルートはおおむね歩きやすかったが、この付近は大きな石がある下り坂だった。転んだ拍子にメガネが顔から落ち、レンズが外れてしまった。その場では直すことができないので、仕方なくメガネをしまい、裸眼で歩くことにした。真理は近視だったが、ゆっくり歩けば大丈夫だろうと攻巳は思っていた。真理は攻巳のベルトをつかんで歩いた。

攻巳は「新しいメガネを買ってやるよ」と励ました。国枝が「よかったね、新しいメガネになるね」と言うと、真理はけらけらと明るく笑っていた。しかし、国枝は当時を振り返ると、このころから歩行スピードが、がたっと落ちたという印象を持っている。

真理は自分のことをあまり話さないタイプだった。この日も自分から口を開くことは少なく、国枝たちが話しかけても攻巳を経由して答えていることもあったぐらいだ。素直に周囲に従い、反論などしないタイプだった。自分の不調に気づきながらも何も言わなかったのかもしれない。それは本人が死亡した今となっては誰にもわからない。しかし、いつもと同様、真理は攻巳の言動に従い、不満や弱音も吐かずに、ずっとついてきていた。

大石のある下り坂が終わり道が平らになっても、真理は攻巳のベルトを離さなかったが、攻巳はそれをたいして気にとめていなかった。攻巳の記憶では、やがて登り坂にさしかかるころから真理のペースが落ちはじめた。急な段差があるところでは、たびたび歩を休むようになった。攻巳が腕時計を見ると午後四時ごろだった。転倒してからすぐのことだ。

しかし攻巳は、まだこのとき真理の異変に気づいていなかった。真理とはこれまでにも六甲の山、琵琶湖周辺の山など歩いてきたから、まさか彼女が今日の登山で不調になる、歩けなくなるとは思いもしなかったのだ。

その後、燕平を越えたあたりで、真理はふらつきはじめた。ひとりで立っていられる状態ではなくなった。二、三回休ませたが、休むたびに横になりはじめた。そして、「お父さん先に行って。水を持ってきて。私はここで待っているから」と言った。結果的にこれが真理の最後の言葉となったが、いつもと変わりない口調で真理ははっきりと攻巳にそう告げた。攻巳にとっては信じられない言葉だった。ふだんから真理は自分からものを言うことが少ない。不調があっても訴えることもなかったので、その彼女が「ここで待っている」と言い出したのだから、よほど具合が悪かったのだろう。

「もうすぐだよ、行こうよ」と励ましても、真理は動くことができなかった。攻巳は真理を抱きかかえたとき、初めて真理が汗びっしょりだったことに気づいた。数メートル先行していた国枝と白石も、真理の様子を心配して戻ってきた。安定した登山道の上に座って休憩することになり、真理も樹木の根元に座り込んで行動食などを食べた。その後すぐに、すうっと上半身を倒して目を閉じ、眠りこんだ。ふたりはこれでは自力で戻れないのではないかと思ったほどだ。彼女らにとっても真理の異変は急なことだった。

攻巳は真理がかんしゃくを起こすように目をむいたのちに閉じたのを見た。「目の表情もおかしかった」と彼は国枝と白石に告げた。

救助要請

呼吸は安定しているが、声をかけても返事をしない。白石は「救急車を呼ぼう」とメモを書き、攻巳と国枝に見せた。真理に聞こえないようにという配慮だ。現場は携帯電話の電波が届かなかったので、国枝は攻巳に、登山口へ向かい、電

大禿山へ向かうなだらかな北尾根縦走路

波の届くところで救助要請をするように指示した。白石よりも攻巳のほうが足が速いだろうし、白石はまだこのときは経験が浅く、緊急の事態にひとりで山を歩かせるわけにはいかなかった。国枝と白石が真理に付き添うことにした。

真理の異変に周囲が気づいたのが、午後五時二十分ごろ。攻巳が連絡に走ったのはそれから十分後ぐらいだろうか。攻巳の携帯電話が通じたのは午後六時すぎ。結局ドライブウェイまで戻った地点でのことだった。攻巳のダイヤルした一一九番通報は滋賀県大津市の消防署が受け取った。その後、最寄りの消防署から攻巳の携帯電話に折り返し連絡が来たのが午後六時二十分。電波は安定せずよく聞き取れなかったが、北尾根の登山口で待っていることを伝えた。しかし、救助隊がいつごろ到着できるのか、よく聞き取れなかった。先行きが見えない攻巳は不安になり、そのまま伊吹山山頂近くの管理事務所まで歩いていく。出発前に全員で荷物をデポしたところだった。ひとり残っていた管理人に事情を話し、消防署に連絡してもらったところ、伊吹山の山麓にある滋賀県山東町の消防署救助隊が現場に向かっていることがわかった。自動販売機でペットボトルのお茶を二本買い、管理事務所の車で登山口に戻った。

その間、国枝と白石は真理の看護を続けた。

背中にザックを当て、登山道の真ん中に寝かせた。ほかに登山者はいなかったし、狭い道だったのでそうするよりほかなかった。坂道だったことと、背中にザックを当てたことで、ちょうど起座位のような体位、半身が起き上がる体位になった。気道が確保されることも確認した。

雨具やレスキューシートを使って全身を保温した。

「真理さん、真理さん」と名前を呼んだり、肩をたたいて励まし続けたが、意識が混濁しているようで応えることはなかった。タオルに水を含ませ、口に当てて吸い込ませた。

真理はスースーと呼吸していて、それは乱れることがなかった。時どき口元が動いたり、モゴモゴと声を発するが、言葉にはならず聞き取ることはできなかった。体はひんやりと冷たかった。真理が倒れてからのちに救助隊が到着するまでの二時間半の間、彼女たちの眼に映る真理の容態は、悪いながらも安定していて変化はなかった。

もう陽が落ちようとしている午後七時十五分に、救急車と救助隊が到着した。八人の救助隊員が手際よく照明器具、クライミングロープ、酸素ボンベを準備して現場に向かった。攻巳が先導したが、すぐに八人に抜かれた。

救助隊が真理のところに着いた時刻ははっきりしないが、八時前には到着していたと推測される。救助隊から病院に宛てた連絡記録によると、呼吸や脈拍を確認し、酸素吸入、胸骨圧迫（心臓マッサージ）をした。真理の状況は「自発呼吸あり。右目偏視。意識障害あり」と記録されている。白石が「呼吸があるから心臓マッサージをしないでいたけれど、したほうがよかったのか」と救助隊に尋ねると、「心臓の働きが弱っているんだから、してもよい」と教えられたという。すぐにひとりの隊員が背負って搬送を開始することになった。手はずが整ったころに、攻巳も現場に到着。救助隊以外の三人も下山を開始した。

隊員は真理を交代で背負いながら下っていく。その間、ほかの隊員は真理を背負っている隊員を確保し、脈拍や呼吸など真理の容態をチェックする。

しばらく歩くと真理の呼吸が乱れ、「ハアハア」と荒い息遣いになり、やがてぐったりとした。救助隊員はすぐに背中から真理を下ろし、呼吸と脈拍を確認する。胸骨圧迫を施す。そして、また交代で背負って下る。搬送中に「脈拍がない」と救助隊員が言っている声を聞いたものがいた。攻巳は、途中で酸素ボンベの酸素がなくなり、救助隊員に「以後、酸素吸入ができなくなる」と告げられたという。搬送を中断しての心肺蘇生を何度か繰り返したのち、何人かの救助隊員が救急車の中に装備されている担架を取りに行った。その後、担架を持った救助隊員が戻ってきたときには医師も一緒だった。真理を担架に乗せて搬送した。攻巳の見たところ、医師もその場で真理の容態を確認しているが、治療は施していない。

やがて、登山口に停まっている救急車の投光機の光が見えてきた。登山口ももうすぐである。その明かりに照らされながら最後の坂道を下って、登山口に着いたのは午後九時四十五分だった。

救急車が発車した時刻の記録はないが、攻巳たちの記憶では到着後まもなく発車した。救急隊の記録は、山中と救急車での搬送中に酸素吸入と胸骨圧迫をしたというものであり、救急車の中での処置はわからない。救急車には酸素ボンベが装備されていたし、救助隊員も複数いたので、酸素吸入などの手当てがされていたと考えられる。

病院に収容されたのは、夜の十時四十五分。国枝と白石も管理事務所のスタッフが運転するトラックとタクシーを乗り継いで、あとから追ってきた。真理はすぐにＭＲＩ（磁気共鳴画像法）と血液検査などを受け、集中治療室に入った。攻巳と国枝、白石は医療機関に引き渡せたことで、少しだけホッとした。医師たちがなんとかしてくれるかもしれないという願望にも似た気持ちだったようだ。日付をまたいで七月四日になったころ、担当医から呼ばれる。攻巳と国枝、白石の三人で真理の病態について説明を受けた。真理の病態は主に次のようなことだった。病院に着いたときは心肺停止の状態であったが、胸骨圧迫と人工呼吸器を使用した結果、心拍は再開している。対光反射はあるが、呼びかけに応えるような意識はなかった。眼球は右偏視。血圧は最高百二十六、最低五十。呼吸数十二回／分だった。

今回の取材にあたって、当時のカルテとＭＲＩの写真を見ながら改めて説明してくれた医師によると、脳に酸素や血液が巡っていない状態で、低酸素脳症であるという。脳梗塞や脳出血は認められなかった。おそらく搬送期間中に心肺停止の時間が長かったために、脳に酸素が届かなくなり、ほぼ脳死に近い状態になったのではないか、と医師は説明した。同じように、腎臓と肝臓などの機能にも障害が出ていて、多臓器不全であった。

また、真理の血糖値は四百九十四ミリグラム／デシリットル。これは糖尿病でもともと血糖値が高いだけでなく、搬送中の心停止や心肺蘇生などの強いストレスが加わった影響もあるかもしれないと、長浜赤十字病院の医師は言う。この時点では、攻巳は真理が糖尿病であったことを知らなかった。

集中治療室に入った真理は、酸素吸入と人工呼吸器がつけられ、昇圧剤と中心静脈栄養の点滴が行なわれた。攻巳は医師に、早急に親類縁者を呼ぶように告げられた。

その後も意識が戻ることはなく、集中治療を続けたものの、七月五日の午後十時三十分に死亡した。真理が山で倒れてから約二日後のことだった。死亡診断書にある死因は急性心筋梗塞である。長浜赤十字病院の医師の見解は、山中で急性心筋梗塞、もしくは致死性不整脈を起こしたのではないかということだった。

遭難の背景

日常生活

今回の登山は急遽決まったことであるが、周囲の話を総合すると、おそらく真理本人はそれに抵抗をもっていなかっただろうと想像できる。夫の攻巳は、休日になると真理を山や社寺に連れ出していて、それに真理はいつも素直についていっていた。

伊吹山の前の週は、きたろうハイキングクラブの公開ハイクだった。公開ハイクは毎月行なわれている。参加者を一般公募し、これに参加してからクラブに入会する者も多かった。このときは高野山だった。観光客はロープウェイで高野山の山頂に上がるが、きたろうハイキングクラブのグループはロープウェイの下につけられた登山道を歩いて往復した。

一般の参加もあるのでペースはゆっくりであるが、このときも真理は大汗をかいていた。クラブの代表である園敏雄は、とくに下りで遅れ出した真理を覚えている。

グループの最後尾で、十五分歩いては真理を待つ、また歩いては彼女を待つの繰り返しだったという。かといってバテバテというわけでもなく、ゆっくりながらも彼女は最後まで歩き通した。このときも真理は自分の体調を訴えたりすることはなかった。

大汗をかいていたことと、最後は歩みが遅くなっていたことで、園は伊吹山の登山を心配していた。しかし、最終的には夫が言い出したことであり、彼らの判断で登山することになった。

真理は、埼玉県から兵庫県に引っ越してきてちょうど一年だった。攻巳は、それよりも四年早く関西に単身赴任していた。埼玉県ではコーラスグループに参加し、友人も多かった。攻巳の話では、自己主張が強いわけではなく、人の話を聞くのも上手だったので友人がたくさんいたという。しかし、兵庫県に来てからは友だちができず、専業主婦の彼女は昼間ひとりで家にいることが多かった。攻巳の話では、昼間にぼうっとして昼寝をしていることもよくあったようだ。以前から運動とは程遠い生活であった。そのため体重も増えていた。もともと華奢な体型ではなかったが、近年は体重の増加が著しく、攻巳も心配していた。正確な身長と体重はわかっていないが、およそ推測する値から計算すると、ＢＭＩ（註）は肥満の領域に達していた。

大食漢ではなかったが、ケーキやスイカなど甘いものが大好きだった。タバコは吸わず、酒もほとんど飲まなかった。

搬送先の病院で血糖値が高いことを指摘されたが、真理が糖尿病の治療をしていたかどうか、攻巳は知らない。未治療だった可能性が高い。しかし、のちになって、死亡する約半年前の血液検査の結果を見つけ出し、それによると血糖値が二百五十ミリグラム／デシリットルであり、基準値の七十〜百十ミリグラム／デシリットルを大幅に超えていることがわかった。ほぼ糖尿病に間違いはなかっただろう。真理は、治療をすべき状態であった。

ほか総コレステロール値が高いなどいくつかの検査項目に基準値を超えるものがあった。動脈硬化指数は基準値内であったが、決して低くはなかった。

これらの検査結果（ＡＳＴ、ＡＬＴ、γ-ＧＴＰ、総ビリルビン、総コレステロール、尿酸窒素、血糖の測定値が基準値を超えている結果）から、増山茂医師

（呼吸器、了徳寺大学）は、基礎疾患として、肥満、糖尿病、高脂血症、肝機能障害を持っていたと言う。また、肥満であること、血色素量の測定値が高いことと、昼寝をすることが多かったという症状から、睡眠時無呼吸症候群であった可能性も否定できないと考えた。真理がさらに詳しい検査を受けたかどうか、治療を受けたかどうかはわかっていない。

真理の父は開業医であり、そのため以前の真理は人一倍健康にも気を使っていて、子育てや家族の健康についてわからないことがあると、すぐに鳥取県の実家に電話して父にアドバイスを求めていたほどだった。だから、自分の検査結果が深刻であり、治療が必要であることは本人もわかっていただろう。父は八十八歳で風邪をこじらせた肺炎で亡くなった。母は六十代のとき、心筋梗塞で亡くなった。真理と同様、肥満体型だった。

ほか、真理は十五年間ほど抗うつ剤を服用していた。抗うつ剤の服用と肥満、糖尿病には因果関係があるといわれている。

（註）Body Mass Index＝ボディマス指数。体重（kg）を身長（m）の2乗で割った数値。日本肥満学会では二〇一一年から22を標準体重、25以上を肥満、35以上を高度肥満と定義している。

脱水と糖尿病、心筋梗塞

前出の増山医師に、さらに詳しく話を聞いた。

真理はこの日大汗をかいていたと同行した全員が言っている。登山口から折り返し地点となった大禿山までの行動時間は二時間三十分だった。順調に戻ってきたとして、合計の行動時間は五時間程度と予想された。尾根道は風が通っていたとはいえ、夏山の五時間行動にあたって、水をふたり合わせて五百ミリリットルしか持っていなかったというのは、少なすぎると言わざるを得ない。攻巳はふだんからあまり水を飲まないほうであったが、昼食時には飲んでいるので、真理が自分たちのペットボトルから飲んだ水の量は三百ミリリットル程度ではないだろうか。ほかに、大禿山で白石と国枝が水を与えた。倒れてからは、国枝が水でタオルを湿らせ、口に含ませた。真理が飲んだ水の合計量は明らかではないが、五百ミリリットル以上は飲んでいるだろう。しかし、それでも彼女にとっては少なかった。

真理は糖尿病で、おそらく未治療であった。肥満を伴う糖尿病患者は、汗をかきやすく、尿量も多くて脱水になりがちである。実際に真理はほかの三人よりも大汗をかいていた。健康体であっても登山中の脱水には気をつけ、十分な水分を補給したほうがよい。真理の場合、一層の補給が必要であったが、不足した水分を十分に補えたとは言いがたい。

また、脱水は糖尿病の症状を悪化させるので、今回の登山中に糖尿病が悪化した可能性もある。途中から真理は呼びかけに応えなくなり、聞き取れない言葉をもらした。意識障害である。糖尿病が悪化すると、糖尿病性昏睡に至ることもある。とくに未治療でコントロールされていない糖尿病は危険である。

真理の意識障害については、糖尿病が悪化した症状だけでなく、脱水や熱中症が進んだ影響と考えることもできる。

脱水症は、初期段階ではのどの渇きや食欲の低下、疲労感、意欲の低下、集中力の低下、立ちくらみなどの症状が現われる。一見すると単なる疲労、バテと区別しにくい。軽症の場合は、体重の二パーセント程度の水分が欠乏している状態だ。六十キロの人の場合で、千二百ミリリットルだ。これが中等症になると、皮膚が乾燥し、目の周りがくぼんでくる。重症になると意識障害が起き、血圧が低下。ショック症状や、下痢や嘔吐の繰り返しを起こす場合もある。

熱中症にかかっていたかどうかは定かではない。不慣れな運動をしたこと、脱水傾向にあったこと、多量の汗をかいていたことから、熱中症に陥った可能性もある。しかし、熱中症が進行した場合、四十度近い高熱を出すが、倒れた後の真理の体は冷たかったと国枝と白石は言う。

搬送先の長浜赤十字病院の医師によると、搬送後に行なった血液検査では、CPKが異常値であり、これはすでに心筋梗塞を起こしている状態であるという。つまり、最初に心肺停止があり、それの影響で脳を含む多臓器が虚血の状態になったという。脳については脳死に近い状態であったというのが、当病院の医師の見解だ。心筋梗塞を発症した場合、心電図にも現われるが、真理の心電図からはそれを確実に読み取ることはできなかったとも同じ医師は言う。

そうなると、真理は山中ですでに致死性の不整脈、もしくは心筋梗塞などを起こしていたことも考えられる。心筋梗塞の場合は、胸痛や冷や汗のような症状があってもおかしくないのだが、真理は当日、胸の痛みを訴えるようなことは一度もな

ドライブウェイに向かって登山道が延びている。真理を搬送した道筋

かった。胸が痛いというような仕草をすることもなかった。冷や汗については、登山中終始大汗をかいていたというし、攻巳は真理を抱きかかえたときにびっしょりと汗をかいていたと記憶している。しかし、真理の看病にあたった国枝と白石は、その間、真理が冷や汗をかいたのを見てはいない。彼らの記憶を照合すると、ただ真理は、足がふらついたりして歩けなくなり、最後は目をむいたのちに眠るように目をつむり、呼びかけに反応しなくなったのだ。

糖尿病の症状のひとつに神経障害がある。感覚麻痺のために痛みを感じないことがある。真理は糖尿病だったので（それも未治療の可能性が高い）、心筋梗塞の痛みを感じていなかった可能性もあると、長浜赤十字病院の医師は言う。

真理が心筋梗塞を起こす危険因子を持っていたことは間違いない。心筋梗塞の危険因子は、高血圧、糖尿病、高脂血症、肥満、喫煙である。真理の血圧については健康診断の記録は残っていないが、糖尿病と高脂血症というふたつの危険因子を持っていた。推定になるがＢＭＩ値も正常値を超えていて肥満の傾向にあった。加えて、当日は脱水傾向にあり、これも心筋梗塞を発生させる危険因子となった。

登山中は摂取できる水分量に限界があるうえに、発汗などで失われる水分量が多くなる。そのため、血液の粘稠度が増加しやすい。それは今回の登山に限ったことではなく、すべての登山に共通していることだ。そのため、出発前、休憩時、食事のとき、下山後に、こまめに水分摂取をする必要がある。雨の日や寒い日、冬で汗をかいたと感じない日でも同様だ。

心筋梗塞には「ゴールデンタイム」と呼ばれる猶予期間がある。ＷＨＯ（世界保健機関）の調査では、急性心筋梗塞による死亡例は八十パーセントが二十四時間以内で、その三分の二は病院到着前であり、専門施設のある病院到着後の死亡率は五〜十パーセントだという。

　真理が心筋梗塞であったと断定はできないが、いずれの症状であれ早急に医療機関に搬送することが肝要だ。今回の場合、真理が動けなくなったのが午後五時二十分であり、それから攻巳が携帯電話の電波が通じる場所に移動し、救助依頼ができたのは午後六時過ぎだった。日が暮れるのも間近であり、ヘリコプターの出動は不可能だった。もしこれがもっと早い時間に発症していたのであれば、ヘリコプターを使ってより早く医療機関に搬送し、治療を開始することができただろう。そうすれば生存率も高まる。

　また、救助隊を待つまでの手当てについてである

回復体位（側臥位）

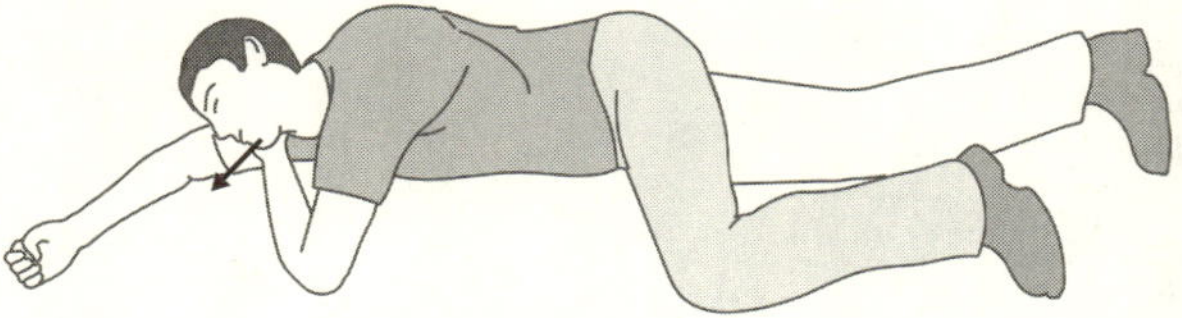

横向けに寝かせて、気道を確保し、吐しゃ物を肺に吸い込むのを防ぐために、あごを少し前に突き出す。下側の腕は伸ばし、上側の手を顔の下に入れて頭を支える。上側の足をひざから折る。

が、これは今回同行のふたりが行なったことがそのときにできるほぼすべての処置であっただろう。気道が確保されているのを確認のうえ、起座位で安静にしていたが、もし嘔吐の危険があったら回復体位（側臥位）にしたほうがよい。回復体位は、横向けに寝かせて、あごを少し前に突き出すようにし、片方の手は頭上に伸ばし、もう片方の手を顔の下に入れる体位だ。上側の足をひざから折る。意識のないとき、また意識の有無にかかわらず嘔吐の危険があるときにとる体位である。気道が確保され、吐しゃ物を肺に吸い込むのを防ぐ。

日常の健康管理と水分補給

真理の場合、脱水、高脂血症、肥満、糖尿病という危険因子を持っていた。血液検査で高脂血症や糖尿病の結果が出ていながら治療を受けていなかったとしたら、無念でならない。糖尿病は発症すると治りにくい病気であるため、予防が肝心だ。バランスのよい食事、適度な運動、十分な休息が予防となる。

また、糖尿病の場合は治療を受け、運動の際は医師の指導のもとで行なうのが望ましい。とくに登山の場合、脱水症と凍傷に注意が必要だ。糖尿病であると汗をかきやすく脱水になりやすい。また、末梢血管のめぐりが悪い場合があるので凍傷にもなりやすいといわれている。

脱水については、脱水傾向になる前に、こまめに十分な量の水を飲むことを心がけたい。

このような危険因子がはたらき、真理は急性心筋梗塞もしくは致死性不整脈が出て、心停止に至ったと考えられる。長浜赤十字病院の医師は、心肺停止があり、脳などの多臓器に障害が出て死亡したと説明した。いつ、どうして真理の心肺が停止したのかも重要であるが、それが明らかになっていない。真理は搬送中に何度か心肺停止になったことが考えられる。病院の記録にある救急隊の処置内容は、酸素吸入と胸骨圧迫だ。しかし山中ではそれが継続して行なわれていたわけではない。山中を搬送中は胸骨圧迫を中断していた時間もあるし、酸素ボンベも途中で切れたと、攻巳は記憶している。入院後は集中治療室で酸素吸入と人工呼吸器をつけ、各種の点滴も受けていた。そうなると、病院の言う「心肺停止の時間が長かった結果、低酸素脳症をきたした」というのは、搬送中の心肺停止ということになる。救助隊が到着するときまで真理には自発呼吸があったのだから。

一緒に登山中に妻を亡くした攻巳は、今も自責の念にかられている。登山中だけでなく日ごろから、真理の健康についてもっと気をつけることはできなかったのか、無念でならない。三人の子どもに対しても申し訳ない気持ちでいっぱいである。また、同行したふたりやほかのクラブの仲間たちにも迷惑をかけて申し訳なかったと、その気持ちは本にも書いてほしいとも言った。自分の健康は最終的には本人にしか守れないが、家族が注意できる範囲もあるかもしれないと後悔している。真理の死後、約半年前の血液検査の結果が見つかったが、ときすでに遅かった。

救命手当の知識と技術を

中高年の会員を百五十人抱えるきたろうハイキングクラブでは、真理が死亡する数年前にも、登山中に突然死した会員がいた。中年男性である彼の死因は、心不全であった。それを機にクラブでは、次のことを検討し、改善している。

①中高年会員を抱え、健康管理に問題がなかったか検討。「ピンチカード」の作成
②自己管理の徹底をアピール
③リーダーは、山行前・山行中に参加者の体調を観察し、無理をさせない。場合

によってはリタイアさせる

④救急法講習の実施

①の「ピンチカード」というのは、氏名、住所や電話番号などの連絡先、年齢、血液型、持病、服用している薬の内容などを記載したカードである。会員には、このカードを二部作成し、一部はクラブの事務所に保管し、もう一部は山行に持参するように勧めている。これによって会員の健康状態を把握することができ、また有事の際にも役立つようになっている。しかし、提出しない会員もいて、それぞれの意識にばらつきもあるようだ。結局は自己管理になるのだが、その重要性を認識してもらいたい。

救急法講習についてはこの年の暮れに地域の消防署に依頼し、心肺蘇生法の講習会を開いた。また、現在（取材当時）では毎年四月に日本勤労者山岳連盟近畿ブロックで行なわれる搬出技術講習会で、外傷の手当てや搬出法、心肺蘇生法やＡＥＤ（自動体外式除細動器）の使い方講習を、クラブ員数名が受講し、六月のクラブ内の山行のときにフィードバックするようにしている。

白石は、前回クラブ員が死亡して以来毎年、上級救急救命講習を受講している。

それまでも心肺蘇生法の知識はあったが、何年も前に覚えたことだったので、実際に使える知識と技術を身につける必要があると考えた。現場での真理は最後まで自発呼吸があったので心臓マッサージはしなかったが、何かあればすぐにできるという自信があり、あわてることもなかったという。

突然死のリスクを減らすには、突然死の危険因子となるものを減らしていく努力とあわせて、救急救命の知識と技術の習得も重要である。

急性心筋梗塞・小仙丈ヶ岳

五十八歳・男性

遭難の状況

胸痛

登山中の突然死の原因は心臓にあることが圧倒的に多い。ほとんどその場で死亡してしまうケースもあれば、心筋梗塞のように強い胸痛を覚えてから、しばらくのあいだ意識も自発的呼吸もあり、ときには胸痛もおさまり歩行も続けられていたものの、のちに死亡するケースもある。

街で心筋梗塞になった場合、早急に救急車で医療機関に搬送でき、適切な医療処置を受けることができれば存命できるが、登山中、迅速に医療機関に搬送できることはまれである。ヘリコプターの救助要請をしたとしても、現場到着まで最低数十分かかる。現場からそのままピックアップできるかどうかは現場の環境次第であるため、不可能な場合は場所を移動する必要もある。医療機関への搬送には時間がかかるため、救命の余地があったとしても搬送できずに死亡してしまうこともある。

ここに紹介するのは、登山中に胸部に痛みを覚え、そののちに山中で死亡した男性の事例である。

長沼保直（五十八歳）は、二〇〇六年十月八日に、所属山岳会の仲間と一緒に、仙丈ヶ岳の小仙丈沢に沢登りに行くことを予定していた。長沼の所属する神奈川県の川崎勤労者山岳会は、その年、創立四十周年を迎えた。その記念山行として、六パーティに分かれて、南アルプスの仙丈ヶ岳や甲斐駒ヶ岳、北岳の一帯で集中山行をすることになっていた。パーティは、長沼が参加した小仙丈沢（実際にはルートを間違え日向四郎兵衛沢を登ることになる）のほか、甲斐駒ヶ岳黒戸尾根、甲斐駒ヶ岳日向八丁尾根、北岳バットレス、鳳凰三山早川尾根などに分かれていた。それぞれのパーティが目的の登山を終えたあと、十月八日夕刻に北沢峠に集合し、全員でキャンプをして四十周年を祝う予定だった。長沼は、この企画でみずから小仙丈沢を提案した。身辺が忙しいなかで出発したが、自分が登りたくて立案し計画した山行だったために、とても楽しみにしていた。

長沼は、八日の午前十時過ぎ、小仙丈ヶ岳の手前で胸痛を訴えた。山の仲間たちが異口同音に「がまん強い」という長沼が痛いというのだから、よほど痛かったのだろう。それから休憩をしながらゆっくりと小仙丈ヶ岳を目指したが、約四時間後、うめき声とともに倒れた。周囲が意識と呼吸を確認するが、認めることができず、仲間たちの救命手当もむなしく、息を吹き返すことはなかった。

当時の長沼の日常と、死亡する前日の七日に北沢峠に入ったころのことから、振り返ってみる。

長沼は一カ月ほど前に義妹を亡くしていた。妻の妹にあたる人だった。ほかに頼る親戚もいなかったことや、突然の心不全で亡くなったこともあり、アパートでひとり暮らしをしていた彼女の葬儀やその後の後片づけなどを、長沼が行なった。

実母を亡くしたのはその一カ月後、仙丈ヶ岳の山行の二週間ほど前だ。長男である長沼は、母の暮らしていた北海道での葬儀を先頭に立って仕切った。後述するように、長沼はふだんから仕事が忙しく、またプレッシャーも多く不規則な生活をしていたが、それに加えて義妹と実母の死によって、さらに忙しくなり、また精神的にも参っていたようだ。

出発の前日十月六日も、自宅のある神奈川県から静岡県三島市に日帰り出張をしていたと妻の冨己子は記憶している。帰宅時刻は、いつもの通り遅かった。

七日、朝七時五十分にJR中央本線高尾駅に集合した。長沼の自宅からおよそ一

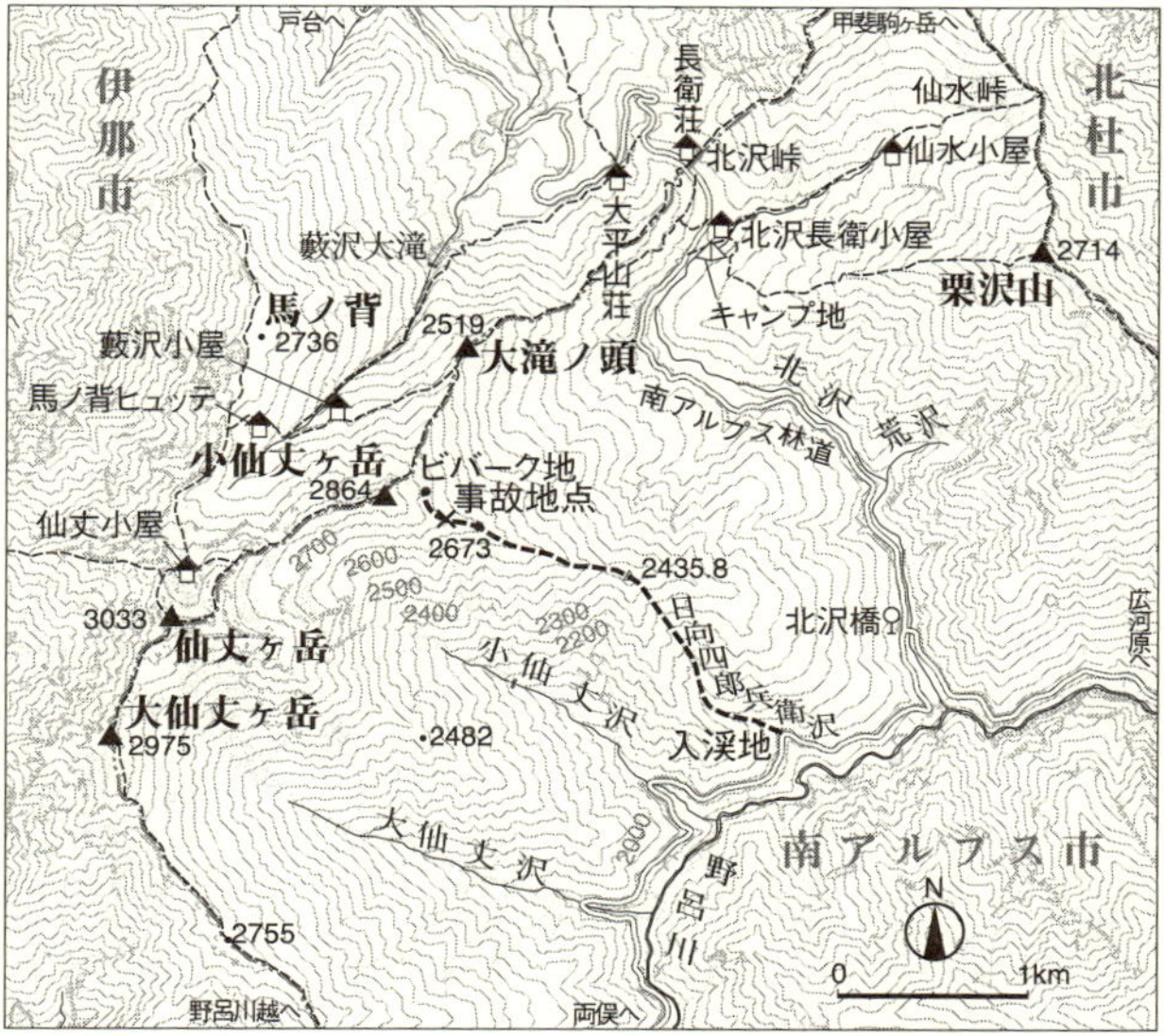

＊山小屋名は事故当時のもの

時間半だ。高尾駅には、今回の山行のメンバー四人のうち三人が集合した。残りのひとりは翌日に現地で合流する約束だ。甲府駅まで列車に乗り、駅から広河原行のバスに乗車した。広河原で乗り換え北沢峠に到着したのは十二時二十分だった。

十二時五十分から林道を歩き、北沢峠の北沢長衛小屋（現、長衛小屋）のキャンプ場に到着したのは午後一時。北沢峠のバス停と北沢長衛小屋は目と鼻の先だ。長沼が北沢長衛小屋にテント泊の申し込みに行き、ほかのメンバーがテントを張った。キャンプ場には、同じ山岳会のほかのパーティ（別のルートを登る予定）のテントもあった。しばらくすると風が強くなってきて、午後三時半ごろから雨も降り出した。雨が降りはじめて間もなく、散策に出ていたもうひとつのパーティが戻ってきた。

長沼のパーティともうひとつのパーティが合同で夕食の鍋を作った。明日はそれぞれの予定があるし、また明日の晩こそ全パーティが集結して大宴会となるのだから、この日は酒もほどほどにした。いくらも飲まないうちに全員が就寝した。夜九時ごろのこと。

翌日、長沼たちのパーティは朝五時に起床した。長沼は朝食にパンを食べお茶を

仙水峠付近から見た仙丈ヶ岳。手前の小仙丈ヶ岳から左に延びる尾根の中間点が2435.8メートルの三角点

飲んでいた。とくに変わった様子はなく、いつも通りだった。

六時に長沼と森川昇（五十一歳）、佐藤勲（五十三歳）の三人でキャンプ場を出発した。六時四十五分に野呂川出合に到着した。五十二分には北沢橋にバスが到着し、遅れてやってきた吉村光代（五十歳）が姿を現わした。四人のメンバーがそろい、小仙丈沢に向けて出発をした。沢の出合までの道のりは、林道である。標高差もそれほどなく、疲れることもなく、歩きやすい。

七時三十分、堰堤のある沢に着いた。ここが小仙丈沢と思い込み、メンバーは沢登りの準備を始めた。実際には、そこは日向四郎兵衛沢であり、小仙丈沢とは谷が一本違う。しかし、誰もその間違いに気づかなかった。ヘルメットと沢登り用シューズを着用し、ハーネスをつけ、ハーネスには登攀具を装着した。長沼の服装は、吸汗速乾性のある登山用襟付き長そでシャツと、同じく吸汗速乾性のある長ズボンだった。出発前に出合で撮った写真が残されているが、この写真の表情から特別なことを読み取ることはできなかった。

準備はすぐに整い、七時四十分に入渓した。堰堤をふたつ越えて、懸垂下降で沢に下り立った。その後、十五メートルほどの滝を巻き気味に登り、小滝とゴーロの沢でそれぞれ休憩をした。のちに長沼が胸痛を訴えるまでに、沢に入ってからこのあとの休憩を加えて合計三回休むことになる。その間、水を飲んだり、行動食を食べていた。

この日の長沼の様子は、とくに変わった点はなかったが、歩みはやや遅かった。しかし、最近の長沼は以前と比べると歩くのが遅くなってきていたというのは、山の仲間たちの共通した認識であり、たいして気にもならなかった。気にもならない範囲の遅れであった。長沼の背負っていた荷物は、五キロ程度。日帰りの装備と食糧、水、個人用の登攀具が少々だった。

やがて、沢の水が涸れてきた。メンバーたちはみな「小仙丈沢と違うなあ」と思っていた。沢の最後に草付の急登が出てきて、それを登ると支尾根に上がった。尾根の上に出てすぐに休憩をし、現在地を確認した。この時点で小仙丈沢を登るつもりが、隣の谷である日向四郎兵衛沢を登ってしまったことが、はっきりと認識できた。ここまで来てしまってはどうしようもないことなので、このまま登り稜線に抜けることを考えた。

長沼が初めて不調を明かしたのが、十時過ぎ。「胸が痛い」という。

山仲間たちは、長沼のことをがまん強い人という印象をもっていた。以前、沢登りの最中に水量が増えて流されたことがあった。のちのちわかったことだが、そのとき長沼は肋骨を骨折していた。しかし、その場では「痛い」のひと言も口にしなかった。少し経ってから、病院に行った結果肋骨が折れていたことを、長沼の口から聞いた。この骨折について、妻の冨己子はなにも知らなかった。痛みもあっただろうに、同行の山仲間にも、また帰宅後には家族にも言わなかったのである。水に流されたという失敗をしたための照れ隠しもあったかもしれないが、この件で仲間たちは、がまん強い人という印象をもつようになった。

その長沼が「胸が痛い」というのだから、これは本当に痛いのだろう、と仲間たちは思った。すぐに休憩をして、長沼のザックの中の荷物のいくつかを佐藤が持つことにした。また佐藤がこの先を偵察した結果、現在地を確認することもできた。地形図の二四三五・八メートル地点を目指して登っていくことになった。そうすれば、小仙丈ヶ岳に抜けることができるだろう。佐藤は長沼に、「この先、ゆっくり行ってみようか」と問いかけると、「そうする」と答えた。実際の問題として、ど

日向四郎兵衛沢を登る長沼。この後、胸の痛みを訴えた

のような不調であれ、また救助を依頼することになったとしても、これまでたどってきた道を下りるよりも上に抜けたほうが可能性が高い。もっともこのときメンバーたちはのちに長沼が意識を失い、救助依頼することになるとは思っていなかった。しかし、滝を含む沢を下降していくには再びクライミングロープも出さなければならないだろうし、それよりも尾根に抜けたほうが先は明るいと考えるのは順当だろう。

休憩ののち、ゆっくりと歩きはじめた。しかし、長沼のペースは上がらなかった。ときどき立ち止まることもあった。「胸が痛い」とは言わなくなったが、調子がよさそうではなかった。

その日は高曇りの薄ら寒い日であった。長沼も「寒いなあ」と口にしていた。彼らの歩いていたところは一般的な登山道ではないけれど、藪こぎはなく、歩きやすい場所だった。灌木やハイマツ帯であり、けもの道程度の踏み跡があった。長沼の登山歴の詳細については後述するが、大学時代から登山に親しんでおり、社会人山岳会に入ってからは四季を通じてオールラウンドな活動をしてきた。沢登りも好きだったので、このような道も歩き慣れていた。体調さえよければ決して負担になる道のりではなかった。

十一時二十五分、先ほどの休憩のときに地図上で確認した二四三五・八メートルの三角点に到達した。ここからは小仙丈ヶ岳を目指すことにした。比較的歩きやすい尾根であったが、長沼は疲れが抜けないようで、十分歩いては休んでいた。胸痛は治まっていたが、バテていたようだ。

十二時ごろ、佐藤はふたたび長沼のザックを開け、彼の荷物をすべて自分で持つことにした。長沼は二本のストックを使いながら登った。

午後一時三十四分ごろ、二六七三メートル地点を通過していた。先ほどより歩きにくくなっていた。ハイマツ帯であったため、長沼の前を歩く佐藤がハイマツを踏みつけ、その上を長沼が歩くようにしていった。吉村と森川は先のルートを確認するために先行していたが、佐藤の視界の範囲で、声も届く位置だった。

このハイマツの藪を抜けたところで、休憩をした。小仙丈ヶ岳に登る一般縦走路を行く登山者の姿が確認でき、彼らの話し声も聞ける位置だった。縦走路に出るのにはあとわずかだ。眼下には北沢峠のキャンプ場も見えた。

佐藤たちは、長沼の体調不良も考え、より楽に下山できる方法を考えた。そのために、小仙丈ヶ岳には登らず、ハイマツと樹林帯の境目のラインをトラバースして縦走路に出ることに決めた。佐藤たちがいる場所から、そのラインを見渡すことができた。ダケカンバの葉が落ち、明るくて周辺の見通しもよかった。斜度も緩く、歩きやすそうだった。このルートを確認している間に長沼は水を飲み、行動食を食べた。

午後二時、トラバースを開始した。吉村と森川はこれまで通り先行する。その次に長沼が歩きはじめ、そのすぐ後ろに佐藤がいた。長沼と吉村たちの距離は十メートル程度だった。

突然の転倒

トラバースを始めた直後、佐藤の一メートル前を歩いていた長沼が、「うっ」とうめき声を発して、左斜面（山側）に倒れた。通常の登山道にも見られるようなちょっとした段差を登ろうとしたときのことだった。長沼の倒れる姿を後方から見た佐藤は、はじめつまずくか何かの理由で転んだのかと思ったが、すぐに異変に気づいた。先を行く吉村と森川を大声で呼んだ。佐藤の声でふたりが振り返ると、倒れた長沼の姿があった。すぐに駆け寄った。

佐藤と森川は、ふたりがかりで長沼を手前の安定した場所に移動させた。二メートルぐらいである。意識はなかった。息遣いの有無を確認したが、呼吸をしていない。胸も動いていなかった。首筋の脈に触れてみたが、脈拍も確認できなかった。長沼が倒れて一瞬のことである。

佐藤と吉村が交代で胸骨圧迫（心臓マッサージ）を試みたが、回復しなかった。またあわせて、エアマット、シュラフ、レスキューシート二枚、ツエルトで長沼を保温した。今回はキャンプ場からは日帰りの沢登りであったが、吉村は今朝長沼

胸の痛みが出た後、仲間に荷物を持ってもらって行動する

たちに合流し、キャンプ場に寄らずに山に入ったため、彼女のザックのなかには、エアマットやシュラフなどの宿泊用装備も入っていたのだ。

午後二時二十分ごろ、吉村の携帯電話から一一九番に連絡し、救助要請をした。山岳事故ということで、折り返し警察から吉村の携帯電話に連絡が入り、状況を説明した。救急からは、一度始めた心肺蘇生は止めないようにとの指示もあり、胸骨圧迫を続けた。しかし、長沼の顔からはどんどん血の気が引いていった。

午後二時三十五分、吉村は救助要請のために北沢峠へ下山を開始した。周辺には同じ山岳会のパーティが複数、分散山行をしていたので、一刻も早くこの事態を伝え、救助に来てもらおうと考えた。森川は長沼の無線機で交信を試みたが、使用方法に誤りがあったのか、交信はできなかった。携帯電話を使って、ほかのパーティの何人かと連絡を取ろうとしたが、つながらなかった。かろうじて、甲斐駒ヶ岳日向八丁尾根のメンバーのひとりとつながり、状況を伝えることができた。このパーティは、途中で撤退を決めて午後一時四十五分には日向山の登山口に下山していた。電話を受けたときは、JR中央本線長坂駅にいたので、そのまま現地にとどまり、現地本部とすることにした。ほかのメンバーには、日向八丁尾根のパーティから連絡してもらうことにした。その後、連絡がいきわたった順に北沢峠に下山するなどして集結した。

午後三時三十二分、警察から森川の携帯電話に連絡が入った。埼玉県の消防防災ヘリコプターが四時ごろに現地に到着するとのこと。佐藤は、現場からヘリコプターに長沼をピックアップすると考え、ザイルで担架を作り、長沼を担架に固定した。森川はヘリコプターに自分たちの所在地を知らせるために、ストックに雨具をくくりつけて準備をした。これを大きく振り回そうというのだ。また、佐藤は近くにあった十センチ程度の灌木の枝が、ヘリコプターで長沼を吊り上げるときに邪魔

10月8日、長沼が倒れた付近。正面に見える山は小仙丈ヶ岳

になると考え、アイスハンマーで切り落とした。

午後四時二十五分、上空に埼玉県消防防災ヘリコプターが現われた。雨具をくくりつけたストックを振り回したが、なかなか発見されず時間だけが経ってしまった。佐藤は警察に電話し、自分たちの位置を「ヘリコプターの真後ろ五百メートル」と伝えた。するとヘリコプターからも確認できたようで、旋回して佐藤たちに近づいてきた。

午後四時五十五分、救助隊員ふたりがヘリコプターから現場に下降してきた。すぐに用意しておいた担架をヘリコプターから下がるワイヤーに固定して搬出することを試みた。しかし、風が強いために収容できなかった。この日は高曇りで薄ら寒かったが、だんだんと風も強くなってきていた。救助隊員から今日は収容できないこと、ヘリコプターはこのまま引き返すことが告げられた。

佐藤たちは「えー」と思ったけれども、この強風では仕方がないと考えた。警察とも連絡を取り、無理をしないことに同意した。現地に降り立ったふたりの救助隊員を残し、ヘリコプターは飛び去った。

午後五時二十八分、救助隊員のふたりをともなって、佐藤と森川はトラバース気味に小仙丈ヶ岳を巻きながら下山を開始した。救助隊員は当初、長沼をヘリコプターに収容し、自分たちもそのままヘリコプターに戻る予定だったのでヘッドランプを持っていない。あたりは薄暗くなってきており、佐藤たちのヘッドランプを使って隊員たちの足元を照らした。しかし、ハイマツの藪に行く手を阻まれ、七時に下山を断念し、ビバークをすることを決めた。

ヘッドランプ同様に救助隊員たちはビバーク用の装備も持っていない。長沼に使用したあと残っていたレスキューシートで体を包み、ハイマツのなかに入り込んで風をしのぐが、寒さはかなりのものだった。長沼、佐藤、森川の水と行動食を分けあって補給をした。

午後十一時三十分、消防防災ヘリコプターから緊急物資の投下があった。物資は十個投下されたが、回収できたのはそのうちの八個だった。それでも、人数分のシュラフ、防寒着、水、食糧を確保できた。とくにシュラフと防寒着を得たので、ハイマツの中で風をしのぐのをやめ、多少風が当たるけれども安定して横になれる場所に移動した。

翌日には、ヘリコプターだけではなく、北沢峠からも救助隊が登ってきて、佐藤たちのもとに四時半ごろに到着するという情報もあった。

翌九日、佐藤たちは、五時に起床。六時には、救助隊員の無線に連絡が入り、間もなくヘリコプターが到着するとのことだった。吊り上げに支障のない場所に移動し、ヘリコプターを待った。森川、佐藤の順で救出され、山梨県甲府盆地の西部にある双葉ヘリポートに降り立った。その後、長沼も収容された。佐藤と森川は南アルプス警察署に移動し、事情聴取を受けた。

九時三十分には長沼の家族と甲府に設置した現地本部のメンバーたちが警察に到着し、検死も行なわれた。検死結果は「急性心筋梗塞のうたがい」。

遭難の背景

多忙な日常

北海道夕張市に生まれた長沼は、若いころは野球をやっていた。その後、大学でワンダーフォーゲル部に所属し登山を始めた。縦走を中心に四季折々の山に登っていた。

社会人になってからは、友人と一緒に山岳会を作ったこともあった。登山のほかに、会社の同僚とスキーやゴルフ、釣りに出かけることも多かった。釣りは海も川も両方やった。

川崎勤労者山岳会に入会したのは一九八七年、三十九歳のときだった。川崎勤労者山岳会が実施した登山学校に参加し、参加後はすぐに入会を決めた。以来、死亡するまでの十九年間の登山のリストが、長沼の事故報告書に記載されている。内容は通年にわたっており、縦走、岩登り、沢登り、冬季のバリエーションルート、山スキーなど多様だ。以前は毎月山に登っていたが、だんだんと回数が減り、二〇〇〇年ごろからは年間の山行回数は、五〜七回程度だった。しかし、〇五年は十回、〇六年は小仙丈沢を入れて九回を数えた。

妻の冨己子も登山を趣味としている。川崎勤労者山岳会とは兄弟関係にあるハイキングクラブに所属していた。夫婦で山に行くことはまれであり、それぞれが所属する会の山行に参加することが多かった。ふたりでそろって山に登るのは、長沼の故郷である北海道に帰省したときで、平均して年に一、二回だった。

長沼は、特許事務所で働いていた。冨己子とは職場結婚だった。残業や休日出勤も多かった。とくに近年は外国への特許出願の仕事が増えるなど、時間的に忙しいだけでなく背負っていたプレッシャーも相当のものだったと冨己子は感じていた。「早く仕事を辞めないと死んでしまうよ」と彼女は夫に言ったぐらいだった。

とくにこの一、二年は疲労がたまり、それまで仕事の愚痴など口にしなかった長沼が、帰宅後、冨己子に仕事がつらいと言うようになっていた。責任も重かったのですぐには無理であっても、長沼は仕事を辞めることも考えていた。「来年三月までには退職するよ」と冨己子に話していた。

朝は六時半に起床し、早々に出勤する。夜は十二時前後に帰宅することが多かった。ときには夜中の一時になってしまうこともあった。ほとんどの場合、夕食は残業中に会社で簡単なものを食べるか、付き合いの飲み会ですませていた。自宅で夕食を食べるのは週に一、二日あるかないかであった。冨己子は持病があり、自分の健康を管理するためにも、朝食は和食とし、夕食は塩と油をなるべく使わない調理をし、野菜を多めにとり、肉よりも魚を食べることがほとんどだった。もし、長沼の仕事がここまで忙しくなく、冨己子と一緒に食事をとることができれば、彼の健康状態ももう少し改善したかもしれない。

冨己子が見るところ、長沼は太りやすい体質で、ストレスの発散は酒や食べ物に向けられることが多かった。また二年前に、それまで結構吸っていたタバコをやめたこともあり、体重が急増していた。冨己子は、そんな夫の腹部の脂肪を見て、健康上、本当に危ないと思っていた。山岳会の仲間から見ても、最近の長沼は太り気味ではあったが、そこまでには感じていなかった。

血圧は収縮時（上）で百四十から百六十と高かった。

会社の健康診断は毎年受診していた。二、三年前から中性脂肪、高血圧、高コレステロールを指摘されていた。通常の健康診断以外に、心電図やがん検診などのオプションが四、五種ついていたが、それらには異常は認められなかった。ほか、憩室炎《けいしつえん》という腸の病気をもっていた。五年ほど前に発症し、自分では盲腸かと思ったけれど憩室炎であった。当時は腹膜炎も併発し、その後は三年に一回の割合で検査を受けるようになった。ただし、憩室炎と今回の突然死に因果関係はない。

その年の初めのころから、長沼は二、三カ月ほど、ひどい頭痛に悩まされていた。二月には脳外科病院へ行き、ＭＲＩ検査を受けたが、異常は見られなかった。山岳会の仲間たちも、近年の長沼の疲れや登山中の体力不足を感じていた。ペースがゆっくりになり、バテ気味のことも多かったようだ。山岳会のメンバーは個人の差はあるけれど、それぞれが走ったり、クライミングジムに通うなど、日常的に体を動かしていた。しかし、長沼が山以外で運動をしていた様子はない。会社の勤務時間は長かったけれども、月に一回の集会には頻繁に顔を出し、会員と一緒に酒を飲むのを楽しみにしていたようだ。

遭難原因の分析と教訓

動脈硬化と心臓病、脳卒中

長沼のケースについて検証したのは、齋藤繁医師（麻酔・蘇生学、群馬大学）と上小牧憲寛医師（循環器、秋田労災病院）。

長沼はいくつかの危険因子を持っていた。高血圧、高脂血症である。また、太り気味、運動不足、疲労、不規則な生活というのも、どれをとってもよい点は見当たらない。

高血圧と高脂血症であるということは、突然死が発生する起点と素因を持っていたことになる。高血圧になると、血管が硬くなり狭くなる。動脈硬化という状態だ。心臓の負担が増加し心筋も厚くなってくる。心臓の筋肉が厚くなり肥大した分、心臓はたくさんの栄養を必要とする。これを放置すると、高血圧神経疾患や狭心症、心筋梗塞に進展し死亡するケースも出てくる。

高脂血症も動脈硬化を引き起こしやすい。血管が細くなり血液を送り出しにくくなるため、体の細胞が酸素不足、栄養不足になる。動脈硬化は心臓病や脳卒中の原因ともなる。

動脈硬化は体の一部の部分で起きるのではなく、全身で現われる症状だ。そのため、動脈硬化を抱えている人は、心臓病と脳卒中の両方のリスクがあるということになる。場合によっては併発することもある。

このように危険因子を持っている場合、強い運動負荷がかかると心筋梗塞や頭蓋内出血を発症することがある。

登山は強い運動負荷になる。たとえ長年の登山の経験があろうが、体力不足や疲労、不規則な生活、肥満気味などの因子があれば、それまで通常に行なえていた登山活動が、その人の体にとって強い負荷となるのは、なんら不思議ではない。

動脈硬化のところに強い運動負荷がかかると、血管の壁にたまっていたコレステロール（ソフトプラーク）などが破れてそれが血管に詰まってしまうことがある。急性冠障害である。破れるメカニズムは解明されていないが、心臓に負担がかかると冠動脈の血流が増えるため、安静時より破れやすいのではないかといわれている。

あるいは、狭心症の患者に強い運動負荷が加わった場合、致死性の不整脈をきたす場合もある。

ほか、長沼の場合、血圧が高かったこともあるので、大動脈乖離《かいり》が起きた可能性もある。大動脈乖離とは、大動脈の壁がはがれおちて血管が詰まったり破れたりすることであり、高血圧がもっとも危険な因子といわれている。大動脈乖離ではその状況によっては突然死に至らない場合もあるが、大きく乖離した場合、血管が破れて出血し、たとえばその出血が胸腔にたまることによって突然死に至るケースもある。多くの場合、発症時に強い胸の痛みや背中の痛みを訴える。

また、過労もよくない。疲労が続くと、緊張した状態が長く続き自律神経失調になる。休息時に優位となる副交感神経よりも、日常の動いているときに優位になる交感神経のほうが優位になることが多く、心臓に負担がかかり、心室性不整脈が起こりやすくなるといわれている。これらは、突然死の危険因子にもなる。

心筋梗塞は速やかに医療機関へ

長沼は、倒れる四時間前に胸痛を訴えている。これは心筋梗塞による胸の痛みではないかと推測される。心筋梗塞の場合、突然、胸全体に激痛が走ると言われている。長沼は自身の胸の痛みについて、そこまで語っていなかった。しかしどれほど痛かったのか、どのような種類の痛みだったのか、またその痛みはどれだけ持続したのか、最後に倒れる瞬間に再び痛みを感じたのか、これらのことは、長沼が死亡したいまとなってはわからない。

ときには、あまりの激痛にショック死する人がいるという記述も読んだことがある。痛みのほかには、呼吸困難、冷や汗、脂汗を流し、吐いたり、胸焼け、下痢などを訴えることも多く、胃痙攣などの胃腸症状と間違えられる。発作は三十分以上続き、繰り返して一〜二日続くこともある。

しかし一方で周辺の心筋梗塞の例を見ると、昼過ぎに強い胸の痛みを感じ仕事を早退して自宅に戻ったが、その後痛みはなくなり、痛みのことは気にも留めずに家族と夕食を食べ、酒も少々飲んだあと、突然自宅の居間で倒れて死亡したという話も聞く。

痛みの感じ方、現われ方は人それぞれだ。しかし、その痛みを軽視してはいけない。

上小牧医師は「六時間がゴールデンタイムだ」という。痛みの程度はそれぞれだとしても、胸に痛みがあった場合、それは通常では起きない痛みであり、重篤なものを抱えている可能性が高いので、登山は中止して休むこと。そして一刻も早く医療機関に搬送する必要がある。

心筋梗塞は数年前までは、発病後二十四時間以内に急死する例が非常に多く、心筋梗塞患者の三分の一は、一～二週間以内に死亡したといわれていた。しかし現在は、CCU（冠状動脈集中治療室。持続的に心電図を監視できる特殊施設を装備した病棟で、狭心症や心筋梗塞の患者を専門治療する）での治療が可能になってから、死亡率がおよそ半分になり、現在の死亡率は全患者の十二～三十パーセント程度まで減少した。これはつまるところ、心筋梗塞という病気は、一刻も早く医療機関に運ぶこと、またCCUでの適切な治療を受けられることが、心筋梗塞から生還できるポイントである、ということになる。登山中では、とうていそのようなことはできない。しかし、とにもかくにも、できるだけ早く医療機関に搬送することが最優先だ。

登山者は負荷心電図検査を

危険因子は高血圧、高脂血症のほか、糖尿病、喫煙、肥満もある。長沼の場合は、糖尿病という診断はなかったが、二年前まで喫煙していた。

これらの危険因子をなくすには、適度な運動、適正な食事、適度な休養が重要である。このように日常生活に気を配るのは、どのくらいの年齢から必要なのか上小牧医師に尋ねると、「中高年はリスクが高まるから、より一層注意するのは当然のこととして、日常生活に気を配るのに年齢は関係ない。若いうちから、本来であれば子どものころから気をつけるべきだ」と言う。

また、定期健診を受け、自分の健康状態を知り、メンテナンスをする必要もある。長沼の場合、職場の健康診断にいくつかのオプションをつけ、毎年こまめにチェックしていた。心電図検査も受けていた。しかし、負荷心電図の検査を受けていたかどうかはわからない。負荷心電図というのは、運動負荷を加えた状態で心電図をとるものだ。職場の健康診断や地方自治体主催の健康診断には含まれていない場合が多く、人間ドックでもオプションになることが多い。

上小牧医師は、以前から登山者、とくに四十歳以上の人は負荷心電図を勧めている。最初はダブルマスター（階段昇降）をしながら心電図をとる。ここで異常が認められなかった人のうち四十歳以上の人には、トレッドミルやエルゴメータによる負荷心電図を受けてもらいたいという。

救命手当の基本

長沼が倒れたあと、仲間たちは、彼の意識と呼吸の有無を確認したのち胸骨圧迫に入った。長沼を保温することも忘れなかった。適切な処置だっただろう。それでも長沼が息を吹き返すことはなかったが、一一九番の救急からは「一度始めた胸骨圧迫は止めないように」と連絡が入った。医療に携わるもの以外の一般の人が、このように救急救命を行なった場合、それを途中で止めるには以下の基準が設けられている。

①傷病者の呼吸が再開した場合
②傷病者を医療機関および、医師に引き渡した場合
③救助者たちに危険が生じた場合
④死後硬直など明らかに死亡していると認められた場合
⑤三十分以上続けても変化がない場合は、継続を検討する

長沼の場合、④と⑤に相当するだろう。また、最終的には夜間になり、それ以上

続けることもできなかっただろう。登山中の救急救命の場合、とくに③には注意を払いたい。事故が起きた場所というのは、往々にして外的危険がある。滑落の危険、落石の危険、雪崩の危険、そのほかの気象条件などを確認し、二重遭難が起きないよう気をつけることが必要である。

＊文庫版での追記

ところで、アメリカにウィルダネス・メディカル・アソシエーツ（WMA）という野外救急法を教える団体がある。この団体でも、野外における心肺蘇生法について、指針を出しているので紹介したい。

WMAの受講者は、登山者を含むアウトドアアクティビティの愛好家たち、山岳ガイドなどアウトドアのガイドたちなどである。また、WMA以外にも野外救急法の講習をする団体は多数あり、そのいくつかは、日本でも講習が開催されている。

野外で傷病者が発生した場合、そのファーストレスポンダーとなるのは、非医療従事者であることが多く、そのためには都市部の救急法（ファーストエイド）だけでなく、救急車が来ることができない、医療機関への搬送に時間のかかる野外における救急法を学ぶ必要があるからだ。

北米には、野外救急医療（ウィルダネス・メディソン）という医学の専門分野もあり、ウィルダネス・メディカル・ソサエティ（野外救急医療学会）という学会もある。この学会で発表された研究結果やエビデンスは、WMAなどの野外救急法プロバイダーに提供され、また学会は野外救急法プロバイダーに、医学的アップデートや監修も行なっている。つまるところ、北米における野外救急法というのは、医学的見地からみても、妥当性のある内容なのだ。

そのWMAの野外における心肺蘇生法に関する指針は以下の通りだ。

■心配蘇生法を開始しなくてもよいとき
・致命的なケガで明らかに死亡している（社会通念上、死亡している）
・水中に一時間を超えて沈んでいた
・外傷が原因となり、脈拍がない

■心肺蘇生法を止めてもよいとき
・自発的な脈拍が戻った
・医師が傷病者の死亡診断をした

・救助者が疲労困憊した、あるいは危険な状態になった
・致死に至る外傷が見つかった
・心肺停止が三十分を超えて続いた

以上は、単行本執筆時に挙げた条件とほぼ同じような内容である。ただし、WMAの指針は、「医療プロトコール」と呼んでいるものであり、WMAの一定の講習を受講した者（心肺蘇生法だけでなく、野外救急法全体について一定以上のことを学んだ者）を対象とした指針であることに留意したい。

日常の自己管理

今回の取材を通じて、長沼の所属する川崎勤労者山岳会のメンバーたちと面会した。当日同行していた方がたを含む九人が集まった。そのとき、丁寧に作られた事故報告書をもらった。

報告書では、当日の様子を時系列にまとめてある。集中登山だったために同じ山

域に会のパーティが複数登山をしていた。それらのパーティとのやり取りや動きは、縦を時間軸にし、横をパーティ別にして整理してある。

事故の分析については、事故の要因として考えられることを挙げ、それらに対して現場ではどのような判断、行動をとったか記してある。また事故に結びつく要因、事故の背景になった事柄についても検討してある。

結果、川崎勤労者山岳会が出した「改善すべき内容」は以下の通りである。まずは、登山者自身が自覚し、自己管理が必要な項目（会では指導・啓蒙を行なうもの）として次の事柄を挙げる。

①健康管理、定期的なメディカルチェック
②日常のトレーニングの励行
③力量に適した山行計画
④山行目的に適した山行計画
⑤山行前のルート調査
⑥以上を事前のミーティングで討議し、メンバー間の意思疎通を図る

また、山岳会としての反省や課題は以下の通りである。

①事故発生に伴う連絡や緊急連絡網の整備及び会員全員への周知
②外傷だけでなく内科的な原因に関する知識や応急手当の学習
③計画書の効果的な事前点検
④セルフレスキューの学習と訓練
⑤事故対策、マニュアルの再確認

また、これらを踏まえて、会では、登山中の突然死の死因に多い狭心症、心筋梗塞、心不全に関して、また突然死のリスクを減らす方法について学習した。

以上の内容は、まさに今回医師たちが検証したことにつながり、これらを実行することは、突然死のリスクを軽減することにつながるだろう。

急性心臓死・魚野川

五十九歳・男性

遭難の状況

山で疲れやすくなったら要注意

若いころは登山に傾倒し、たくさんの山を登ってきた人でも、年齢とともに山に行く回数が減り、疲れやすくなる人は多い。そのうちの多くの人は、山でバテる原因を、加齢、運動不足、日ごろからの過労、体重の増加などと考えているだろう。無論それらの要因もあるだろうが、かつて元気に山を登っていた人、ハードな登山をしていた人が、山で異常にバテるようになった場合は不整脈も疑ったほうがよいと、増山茂医師（呼吸器、了徳寺大学）は言う。ある種の悪性の不整脈がある場合、登山のような大きな負荷がかかる運動中では十分な血液を体に送れなくなり、脳血栓症の原因を作るなど、突然死の危険因子となりうる。

たとえば、二十代のころと比べて体重が十キロ増加したとしよう。若いころは二十キロのザックを背負ってテントに宿泊しながら縦走していたのに、五十代の今では五キロ程度の日帰りハイキングの装備しか背負っていないのにバテて歩けない。

体重が十キロ増えたけれど、装備は十五キロ減っている。その差はマイナス五キロであるにもかかわらず、バテるのである。

単純に体重が増えただけではないだろう。高年齢層に多く見られる高血圧、高脂血症、糖尿病が悪さをしている可能性がある。また、これらの疾患は狭心症、心不全、心筋梗塞、脳梗塞の危険を高める。目立って体重が増えていなくても、運動不足によって筋肉が落ち、体脂肪が増えていれば同じことである。つまり、運動不足、栄養過多は万病の元となり、突然死の危険因子ともなるのだ。

児玉恒善（五十九歳）が上信越国境近く、中津川支流の魚野川を遡行中に突然死したあと、彼の部屋から狭心症治療薬のニトログリセリンの錠剤とパッチ（貼付薬）が発見された。ひとり暮らしだった児玉が、狭心症で病院に通っていたかどうかは親類縁者の誰にもわからない。しかし、ニトログリセリンは処方箋がないと買えない薬であるため、彼が狭心症を患っていたのは間違いないことだろう。

児玉は近年、山に行く回数が減り、とくにその年は亡くなる夏までに二回しか登っていなかった。最近は山でバテることも多く、山岳会の仲間たちは彼の疲れた姿やハアハアと息切れする様子を心配していた。

暑さの中の入山で脚が痙攣

児玉は、二〇〇七年八月十五日夜、所属山岳会であるモンテローザ山の会の仲間たちと志賀高原に向かった。夜の十時に埼玉県にあるJR武蔵野線新座《にいざ》駅に集合。児玉は数日前から夏休みを取っていたようで、仕事のあとに集合場所へ向かったということはない。おそらく東京にある自宅から出発したのだろう。

メンバー四人は二台の車に分乗した。今回の目的である魚野川の遡行は、登山口と下山口が離れているため、下山口に一台配置するために、二台の車を用意した。児玉は今回の山行のリーダーである堀内香苗（三十八歳）の運転する車に乗った。堀内の話では、とくに変わった様子はなく、仕事で疲れているようなことも見受けられなかったという。道中、約五時間、ずっと堀内が運転をし、児玉は最近のことや仕事、家族の話をしたり、ときどきはうとうとしていたようだった。日付をまたいだ夜中の二時五十分に志賀高原の大沼池に到着した。ここで仮眠をする。三時四十分に、全員が眠りについた。

翌朝は七時起床。およそ三時間半弱の睡眠だ。寝不足ではあるが、夜行列車など

烏帽子岳
2231
山ノ内町
栄村
戸台へ
中津川
渋沢ダム
桂ノ沢
井戸沢
渋沢
千沢
遭難地点
1800
裏岩菅山
2341
岩菅山
2296
黒沢
十六沢
大ナゼ沢
魚野川
大倉山
2054
発哺・高天ヶ原へ
黒ゼン沢
1300
1500
1600
高沢
地蔵峠
野反ダム
地蔵山
裏寺小屋山
寺小屋峰
庄九朗沢
庄九朗大滝
小ゼン沢
大高山
2079
小半沢
中ノ沢
405
高沢山
野反湖
大沼池へ
2109
赤石山
N
0
2km
中之条町
草津・長野原へ

と違い、横になって眠れた点はまだよかった。決して推奨できないが、多くの登山者がこのように寝不足のまま山に入ることがある。

下山後のために、堀内の車は大沼池に駐車したままにし、山口恭宏（五十八歳）の車で登山口である野反湖《のぞり》へ向かった。メンバーは、リーダーの堀内と児玉のほか、山口、大山忠俊（五十七歳）の四人。堀内以外は全員が五十代後半の男性だ。大山は最近モンテローザ山の会に入会し、それまでに児玉と山に登ったのは数回だった。山口は、児玉がモンテローザ山の会に入会した当初からの古い付き合いになる。

九時に野反湖到着。朝食をとった。児玉はカップラーメンを食べた。どの程度水分を補給したかは記録にない。

準備を整え、九時五十五分に出発。

魚野川の遡行は二泊三日で予定していた。初日の十六日は尾根歩きから始まる。野反湖の駐車場から地蔵峠、西大倉山を越えると、渋沢ダムの手前に渋沢避難小屋跡がある。ここから魚野川に入渓し、高沢出合付近で一泊する予定だった。二日目は再び遡行を開始し、庄九朗沢付近もしくは庄九朗大滝上の巨岩帯を越えた先で幕営。最終日の十八日は、沢をつめて赤石山に上がり大沼池入口のバス停付近に駐車

8月16日、西大倉山への道から野反湖を振り返る。記録的な暑さの日で、樹林帯の道は湿気も多かった

してあった車まで戻る、という計画だ。

魚野川本流は上信越国境の最奥に位置する。志賀高原の東方を流れる川で、手つかずの自然が多く残るひっそりとしたところだ。人工物が少なく、豊かな自然を満喫できることが魅力である。技術と体力の面から見ると中級程度であり、高度な登攀技術を要するようなコースではなかった。児玉のこれまでの山歴の範囲内のものであった

歩きはじめて三十分ほどで児玉が遅れはじめた。入渓ポイントまでは尾根道だ。斜度が緩いところではほかの三人と同じぐらいのペースで歩けても、登り坂になると遅れだす。同行者たち

の記憶では、児玉の表情はふだんと変わりなく、元気そうだった。しかし、歩みは遅い。このころの児玉は山に行ってもバテ気味になることが多かった。それでも、なんとかみんなについていき山行を終えていたので、この時点ではそれほど心配はしなかった。西大倉山までは登りが続くので、この日の児玉にとってはきつかっただろう。

西大倉山からは渋沢避難小屋跡まで長い下りとなる。この下りに差しかかったころ、児玉の大腿部が痙攣しはじめた。児玉は脚が痙攣するたびに休み、ズボンを下ろしてさすったり、消炎鎮痛剤を塗って対処していた。

大山は児玉に「大丈夫かい」と話しかけた。すると児玉は「ちょっと疲れているんだ」と答えた。大山はさらに、「みんなに(疲れていることを)言ったらどうだい」と言うと「うーん」とうなるだけだった。

この日は、日本の気象観測史上でも記録的な暑さとなった。日本列島は高気圧にすっぽりと覆われ、全国合計二十五カ所で最高気温の記録を更新した。岐阜県多治見市と埼玉県熊谷市の四十・九度は全国歴代一位の記録で観測史上最高値であった。魚野川に比較的近いところでは、群馬県館林市で四十・三度。西大倉山の標高は一

8月16日、魚野川出合で釣りをする児玉。登山中の疲れは消えたように見える

〇〇〇メートル以下なので、市街地よりは気温が低いとしても、決して涼しい日ではなかった。そのうえ樹林帯であり湿度も高かった。

児玉がどの程度水分をとっていたか記録にないが、コース上には沢を渡るところがいくつもあり、そのたびに児玉は沢の水をすくって飲んでいた。こまめに水分を摂取していた点はよいが、水分をとってもとっても脱水傾向に傾くような日であったことは間違いない。児玉の脚の痙攣は脱水に起因していた可能性もなくはない。

児玉が登山中に脚を痙攣させたの

はこれが初めてではない。十〜十五年前、この日と同じ炎天下、南会津の御神楽沢《みかぐら》を登っていたときに、ふくらはぎが痙攣し波を打つようになっていたという。

また、痙攣ではないが二年ほど前の夏に北アルプス後立山連峰の八峰《はちみね》キレットを縦走中に、児玉は脚がひどく疲労したことがあった。児玉は、「そのときもこの薬を塗ったら、疲れがやわらいだ」と言いながら、消炎鎮痛剤を塗っていた。

ひょっとしたら、児玉は以前の脚の疲れに効いた消炎鎮痛剤が、今回の痙攣にも効くかもしれないと思ったのだろうか。

渋沢避難小屋跡から魚野川出合に下り立ったのが午後二時十分。児玉は登りでは遅れ、下りでは脚が痙攣して休み休みとなったが、それでも一般的に見れば決して遅くないタイムである。コースタイムは四時間十分。児玉たちの所要時間は四時間十五分だった。もっとも、登山に慣れた彼らであれば、通常はコースタイムを下回る時間で山を登っているのだろうから、この日はいつもより遅かったのは事実である。

この日は魚野川に入渓し、高沢出合付近までの予定だった。しかし、児玉の脚の痙攣が続いたことを考慮し、魚野川出合で幕営することにした。そこで行動を打ち切っても、翌日以降取り戻すことができる範囲の遅れであるし、また高沢や小ゼン沢から稜線に抜けて野反湖に戻るエスケープルートも用意してあったから、問題はなかった。

河原にタープを張り、焚き火の準備をしたり、魚釣りをしたり、いつもの沢登りと同様、変わりなく過ごした。児玉も元気になっていた。釣果は小さいものだけだったので川に逃がした。焚き火のために、四人は四方八方に散り、薪にする木を集めてきた。児玉はこれに興じ、沢を徒渉し対岸から大きな流木を担いできた。それも一回ではなく、向こう岸とこっち岸を行ったり来たり、何度も繰り返していた。その様子からは、先ほどの登りのバテや下りの足の痙攣は想像できないほどで、いつも通り元気に感じられた。

夕食は米を炊き、マーボーなすを作った。レトルトのマーボーなすの素に、なす、ピーマン、ベーコン、シイタケを入れた。児玉は食欲もあり、よく食べていた。酒はビールとウイスキー、焼酎があったが、児玉はビールとウイスキーをダブルで少々飲んでいた。全員、深酒をすることもなく、午後八時前に寝た。

突然の転落

翌十七日も、暑い日になった。最高気温が四十度を超す日が連続三日続いたことになる。魚野川からも青空が見えていた。

四時三十分起床。四人ともシュラフカバーにくるまって寝ていた。児玉は「寒くなかったよ。ぐっすり眠れた」と仲間たちに話している。よく寝て前日の疲れはとれたのだろうか、仲間たちの記憶では、この朝の児玉は別段変わった点はなかった。

朝食はコーヒー、温かいうどん、昨晩のマーボーなすのあまりだった。うどんは四玉ゆで、長ネギと油揚げを入れた。水分はコーヒーとうどんの汁から摂取したことになる。

六時三十分に出発した。最初は、広い流れの徒渉を繰り返して進む。前日に児玉が焚き火用の流木を拾い集めるために何度も往復したところだった。児玉はほかの三人に「昨日、このへんにも来たよ」と話していた。なかには「へえ、こんなところまで拾いに来ていたんだ」と驚いた人もいた。

暑い日だったからか、誰も水温はそれほど冷たく感じていなかった。水深は百六

8月17日朝、魚野川遡行を開始する。流れはまだ浅い。先頭が児玉

十センチちょっとの児玉の身長で、膝から太ももぐらいになっていた。女性である堀内は腰ぐらいまであるときもあった。流れは時折強い。それでも、児玉はゲラゲラ笑いながら、顔の表情も明るく沢を進んでいった。荷物は二十キロぐらい。児玉はときには先頭を行ったり、進んで自分から徒渉したりした。最近はいつも一番後ろを歩いてばかりいたが、この日の児玉は違った。

事故が起きたのは、七時五分。歩きはじめてから三十分ほどしか経っていなかった。つい先ほどまで児玉はゲラゲラ笑っていた矢先のことだ。

通称「箱淵」と呼ばれるところだ。

ゴルジュになり、滝の手前で右岸をへつっていく。ここを、山口、堀内、大山、児玉の順でトラバースしていった。右岸のへつる位置は水面から五十〜六十センチ程度上であり、とくに難しい技術は要らない。トラバースの距離は二メートルほど。高さがなく困難でもなかったので、不安感もない場所だった。

児玉の前を行く大山が滝の落ち口に上がったころ、トラバース中だった児玉が川に落ちた。その瞬間をすでに登り終えていた山口と堀内が見ていたが、不自然な落ち方だった。手や足を滑らせるわけでもなく、何の抵抗もなく、両手をバンザイのように上げたまま、ただ落ちていった。まるで落ちる前に気を失って、気を失った結果落ちてしまったかのように。大山はまだそのときは、児玉に背中を向けている体勢であり、児玉が落ちた瞬間を見ていない。

現場付近では、トラバースした右岸側では下流に向かってまっすぐに水が流れ、左岸側半分は渦を巻いていた（九十一ページの図参照）。児玉は右岸から落ちて、左岸側の流れの渦に入ってしまった。沢の幅は約二メートル。児玉は左岸の岩を一度手でつかんだが、すぐに流された。流れの渦のなかから一、二回顔を出し、ハアハア息をしているように見えた。

桂カマチ付近。このすぐ先から、児玉が落ちた箱淵が始まる

まずは落ち口から通称「お助け紐」を投げた。沢登りや岩登りで、臨時の場合に使うクライミングロープだ。しかし、児玉がお助け紐をとらえることはなかった。

次に、大山が流れに飛び込んだ。なんとか児玉を流れの渦の外に出そうと試みた。同時に山口は、万が一の二重遭難を防ぐために大山をサポートしようと、左岸に飛び移った。岩を伝って、流れの渦の近くまで下り立った。大山は、背中のザックを引っ張れば体もついてくるだろうと、児玉のザックを引っ張った。しかし、流れの渦から児玉を引き出すことはできなかった。

顔を水面にぐったりとつけていて、岸にいた山口や堀内からは、ザックだけが見えるような状態だった。

大山自身も渦に巻かれそうになり、水流から脱出し右岸に上がった。山口の位置からも児玉のザックがつかめるようになっていた。ザックをつかんで引っ張るが、渦を巻く水流の力が強くて、児玉を引き上げることができなかった。山口は、児玉のザックをつかんだまま、滝の落ち口の右岸にいる堀内に向かって叫んだ。堀内に、メインロープを投げてもらった。山口は、腰に装備していた自分のアイスバイルで児玉のザックの持ち手を引っ張り上げ、ロープを通した。山口の位置では児玉を渦

落下現場

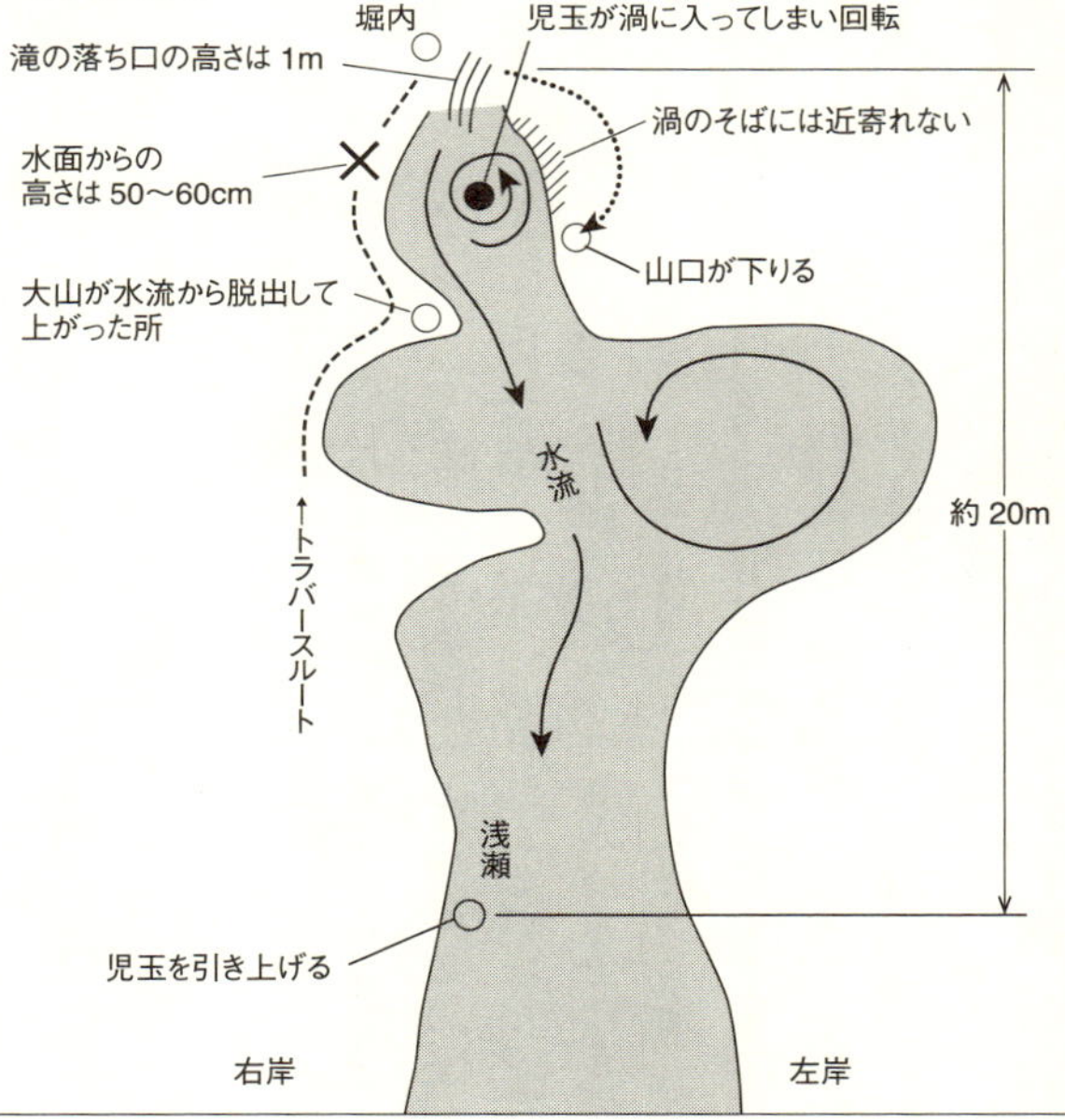

堀内
児玉が渦に入ってしまい回転
滝の落ち口の高さは 1m
渦のそばには近寄れない
水面からの
高さは 50～60cm
山口が下りる
大山が水流から脱出して
上がった所
水流
約 20m
トラバースルート
浅瀬
児玉を引き上げる
右岸
左岸

の外に出すことはできないので、対岸にいる大山に引いてもらった。大山は、児玉の体を流れの渦から出し、下流の流れに乗せることができた。

滝の落ち口からおよそ二十メートルの地点まで児玉を引っ張り、浅瀬になっているところで、児玉を引き上げることができた。

すぐに大山が人工呼吸を開始した。記録によると七時十五分のことだ。児玉が川に落ちてから十分後。顔は真っ青で、呼吸も脈拍も確認できなかった。大山は児玉の鼻を押さえ、マウス・トゥ・マウスで人工呼吸をした。そのとき、児玉の口から水が出てこなかったのを、大山は覚えている。水は飲んでいなかったようだ。児玉が着ていたのはTシャツなので、人工呼吸によって胸が膨らむのを確認できた。

人工呼吸を十五分続け、七時三十分になっても蘇生しなかった。呼吸も意識も戻らない。この先どうしたらよいか、三人で対策を練った。まずは三人で魚野川の出合まで戻ることにした。沢の中は携帯電話が圏外になっていたので、ひとりを野反湖まで伝令に向かわせなければならなかった。尾根道に出るところまでは全員で戻り、伝令を送ったあと、ふたりで現場に戻るつもりだった。出合から現場までは三十分足らずであるが、流れが強く水深も浅くはないので、この間をひとりで行動しないようにするためだ。

出合に着き、堀内が連絡のために野反湖に向かった。八時四十五分ごろのこと。堀内は、最小限の荷物だけを持って走った。

大山と山口が現場に戻ったのは九時。児玉の荷物を出合まで運んだ。その後、出合で待機し堀内の戻るのを待った。伝令の堀内は野反湖に戻る前に、携帯電話が使えた。西大倉山の頂上で電波が圏内になる。十時少し前のことだ。警察に事故一報を入れる。そしてすぐに来た道を戻った。正午には、大山、山口と合流し、警察から救助が来ることを伝えた。堀内は、山岳会内部などその後の連絡のために、また野反湖に向かった。このとき児玉の荷物を三分の一持って下山した。大山と山口は現場の児玉のもとに戻った。

まもなく、長野県警察航空隊のヘリコプターが現場上空に飛来した。十二時十五分。十二時五十分には児玉を搬出することができた。このとき、すでに児玉の体は硬直していた。

中野警察署に搬送され、同署にて医師により死亡が確認された。検死の結果、水は飲んでおらず、死因は短時間による急性心臓死とされた。水死ではない、という見方だ。遺体の解剖はしていない。

遭難の背景

残されたニトログリセリン

児玉は一九四八年、東京の下町に生まれた。畑や水田、蓮田が広がる土地だった。木造平屋建ての家々が並んでいた。中学校を卒業したあとは、夜間高校に通いながら働いた。就職先は塗装業だった。

就職してからすぐに登山を始めた。最初はハイキング程度であったが、弟の記憶では、二十歳のころからは少なくとも月に一回は山に登った。当時いちばん多く通ったのは、奥多摩の山、谷川岳、八ヶ岳連峰だった。東京の自宅から夜行日帰りで行けるところが多かった。雪山を始めたのはずいぶんあとのこと、岩登りについてはあまり話を聞いたことがない、と弟は言う。

モンテローザ山の会の仲間の話では、児玉は、会が設立された一九七〇年直後、七三年に入会した。児玉が二十五歳のときのことだ。それから、雪山も、山スキーも岩登りや沢登りもやるようになった。当初から一緒に活動していた山口の印象では、児玉はいつも前を歩いていた。人のことを構わずどんどん先に歩いていってしまうほどだった。それが、いつしか人の後ろを歩くことが多くなり、近年はほとんど前に行くことはなく、いつも後ろを歩いていた。しかし、奇しくも児玉が死亡したその日の朝は、以前の彼のようにパーティの先頭を歩いていた。

酒が大好きで、全国の銘酒を集めていた。月に三回ある山岳会の例会のあとは、いつも飲みにいっていた。山岳会の例会のほか、児玉は日本勤労者山岳連盟の東京都連盟理事や運営委員を務めていた時期もあり、それらの集会も少なくとも月に一回はあった。登山に関連する集会だけで月に三回あり、そのあとはいつも飲んでいたのだ。だが、最近は、以前ほど飲まなくなっていた。

おおむね健康体であるというのが周囲の共通の印象だ。毎年の健康診断で異常がないことが続き、塗装業の組合から表彰を受けたこともあった。検死に立ち会った警察署員が、「立派な体ですね」と言ったのを、その日現場にかけつけた弟は印象深く覚えている。山岳会の仲間たちの印象も、骨太で筋肉質であるということだった。

弟が言うには、胃腸が丈夫で、食べることが大好きで、よく食べていた。児玉は母親とふたりで暮らしていた。児玉は週に二、三回は母と夕飯をともにしていた。できあいの総菜を買っていくこともあったが、たいがいは児玉自身が作っていたようだ。

日常で気になる点は、長年にわたって慢性的に疲労していたことと、近年は一層精神的ストレスがあったこと、部屋にニトログリセリンがあったことの三点だ。

児玉の仕事は、先に述べたとおり塗装業だった。中学校卒業後に就職した会社を、のちに譲り受け、〝ひとり親方〟のようにして仕事をしていた。地域の建設業の組合の仕事なども引き受けていたので、自分の仕事が終わったあとも、組合の事務所に行ったり、付き合いの宴会があったり、まっすぐ帰宅する日は少なかった。山岳会の代表や連盟の役員も務めていた時期もあるから、児玉は周囲から信頼されていて、面倒見もよかったのだろう。しかし、自分のことだけでなく周囲のことにも一所懸命になる性質は、ときにはあだとなり、児玉は日々忙しくしていた。自宅に帰らず、事務所で寝泊まりする日も多かったので、山岳会の仲間たちは、慢性的に寝不足だったのではないかと心配していた。

また、妹の重篤な病気や彼自身の生活にも変化が続き、児玉はここ数年、精神的にも追い詰められていたようだ。そのため、数年前に弟は、「山ぐらい行けよ」と児玉に言ったことを覚えている。日常に追われ、大好きな登山からさえ遠ざかっていた、正確に記すと自分自身を戒めるために山を自分から遠ざけていた節があった。見るに見かねた弟は、山ぐらい行ってほしい、息抜きもしてほしいと心底思ったのだ。そして児玉の死後、彼の身辺を整理した際、非常に切羽詰まって働いていたことを、弟は実感した。

また一昨年、児玉は山岳会の仲間に宛てて「今、病院なんだ。だから約束の山には行けない」と電話をしてきたことがあった。詳細を尋ねても答えなかったが、確かその時「お腹が痛い」と言っていたので大病ではないだろうと、山の仲間は気にとめなかった。いったいなんの病気であったのか、今となっては誰もわからない。

しかし、前述したとおり、死後、児玉の部屋からニトログリセリンの錠剤とパッチが発見されたことから、狭心症だったのではないかとも推測できる。弟は、部屋にあった病院の診察カードなどから通院の履歴を探したが、見つからなかった。いったい、いつごろからニトログリセリンを処方されていたのか、どのように服用していたのか、狭心症についてどのような治療を受けていたのか、その程度もなにもわかっていない。

また、児玉はタバコが好きで、よく吸っていた。

遭難の分析と教訓

脳虚血の可能性

検死の結果、児玉の死因は短時間による急性心臓死とされた。これは言葉通り、原因はわからないが心臓が停止し、短時間のうちに死亡したという意味だ。

ニトログリセリンが部屋にあったことから狭心症を患っていたと予想される。とくにパッチがあったというのは、過去に何度か狭心症の発作があったのではないかと考えられる。児玉の死について、増山茂医師と齋藤繁医師（麻酔・蘇生学、群馬大学）に話を聞いた。

児玉は、不自然な形でトラバース中に川に落ちた。なんの抵抗もなかったことなどから、転落する前に意識を失っていた、あるいは意識レベルが低下していたとも考えられる。大山が人工呼吸をしたときに口から水が出てこなかったことから、生前に水を飲んでいないという推論が可能である。検死結果でも死因は水死ではなく、急性心臓死としているのも、この蓋然性を認めたためと思われる。

流れに落ちたあと、児玉は一、二回、水から顔を上げた。まるで息つぎをするように。自分自身の意志で岸の岩につかまろうともした。つまり、この時点では児玉に意識がある。転落前に意識を失ったり、意識レベルが低下したとしても、急な流れの渦に巻かれるという刺激によって、意識が回復した可能性もある。

転落前になんらかの原因で意識を失う、あるいは意識レベルも低下したのだとしたら、それは、一時的に脳が虚血になったのだろうとふたりの医師は言う。

狭心症と脳虚血に直接的つながりはない。狭心症とは、心臓の冠動脈にプラークという塊ができ、血液の通り道を狭くすることによって起こるものである。誘因としては高血圧、高脂血症、肥満、高尿酸血症、ストレスなどが考えられる。心臓の冠動脈にプラークができるような場合、ほかの血管にも同様に動脈硬化が現われてもおかしくない。動脈硬化というのは、体の一部の血管にのみ起こることもありえるが、そのほかの血管にも類似の変化が起きていることが多い。動脈硬化の危険因子である高血圧、高脂血症、肥満、糖尿病を抱えていれば、心臓の冠動脈にプラークができたあと、ほかでも動脈硬化が現われる危険はあるのだ。

そのため、狭心症が脳虚血に直接つながらなくても、狭心症を患っている人が脳虚血も起こすような危険因子を抱えていた、ということは考えられる。

脳出血によって突然死する例は少ないが、児玉がもし脳虚血によって意識レベルが低下し、その結果川に転落したとしたら、その後、流れの渦に巻かれて窒息死した可能性もある、と増山医師は言う。

あるいは転落前に失神していたとしたら、一過性脳虚血発作かもしれないと両医師は言う。

一過性脳虚血発作とは、脳の循環に障害が起きた状態をいう。その症状は二十四時間以内に完全に消失する特徴があり、繰り返し起こることで脳梗塞を併発する危険がある。また、血管系疾患の合併症として現われることが多く、一過性脳虚血発作が起きる場合は、高血圧症、高脂血症、糖尿病なども疑われる。

児玉の健康診断の結果は残っていない。弟が「組合から表彰されるほど健康だった」と記憶するが、それは何年も前のことである。実際に部屋からニトログリセリンが見つかったことから、健康体だったとは言い難くなった。また、慢性的疲労がたまっていたこと、登山の回数が減って運動不足だったことは事実だ。そうなると、狭心症だけでなく、一過性脳虚血発作の危険因子である高血圧や高脂血症、ストレスを抱えていた可能性もある。

脳出血で突然死した事例を取り上げておこう。エベレスト（八八四八メートル）登山隊のチームドクターとして参加した男性（四十八歳）だ。

彼は、ネパールの首都カトマンズからクーンブ山群の山村ルクラ（二八二七メートル）まで双発機に乗った。その後、エベレスト街道をたどってベースキャンプ（五三〇〇メートル）まで歩いて登った。高所の影響はあるものの、通常よりも長い日数をかけた日程でベースキャンプまで登っているため、無理をしている様子もない。また彼自身、高所登山の経験が豊富であり、登山の実力が不足していたわけでもない。ベースキャンプ入りした数日後、近くにあるカラパタール（五五四三メートル）に高所順応のために登った。その途中に頭痛を覚えた。そのため、その日はベースキャンプには戻らず、それよりも下にあるゴラクシェプ（五一〇〇メートル）で一晩を過ごした。鎮痛剤を服用し、頭痛は治まった。

翌日ベースキャンプに戻ったが、「疲れた」としきりに言っていた。その夜、彼が三回ほどトイレに起きたことを、隊員たちは目撃しているが、翌朝の四時ごろに、彼のテントからうめき声が聞こえている。十時ごろになってもなかなか起きてこない彼の様子を見にいこうと、ほかのチームドクターがテントに向かったところ、彼はうつぶせになり口から泡を吐いて意識を失っていた。現場に居合わせた医師や看護師によって酸素吸入と救命処置がなされたが、意識は戻らず死亡した。

カトマンズで、現地の医師と日本から向かった医師が病理解剖を行なった結果、死因はくも膜下出血とされた。ほかにも肺のうっ血性浮腫と出血があったことも確認された。

この検死結果について、増山医師は肺のうっ血は、くも膜下出血にともなう神経原性肺水腫とも考えられるし、また高地肺水腫の合併とも考えられると述べている。

この男性の場合、高所という別の要素が加わっているが、このように脳の出血による突然死もありえるということを理解しておきたい。

狭心症と登山

また、狭心症を抱えているなか、どれだけの登山ができるのか、ということも検証が必要だ。狭心症は、心臓の筋肉（心筋）に酸素を供給している冠動脈の異常によって一過性の心筋の虚血のために胸痛や胸部圧迫感を起こすことをいう。虚血性心疾患のひとつであり、完全に冠動脈が閉塞あるいは狭窄し、心筋が壊死してしまった場合には心筋梗塞になる。

通常、狭心症にかかった場合、運動が制限される。運動や入浴などのストレスが加わった場合に、予備力のない心臓に負担がかかり発作を起こす危険があるからだ。しかし、まったく運動をしてはならないというわけではない。治療を受けながら、医師の指示のもとでコントロールしながらであれば、適当な運動を行なうことができる。

また、狭心症の場合、喫煙は厳禁であり、食事の内容とよく休養を取ることに留意しなければならない。禁煙、食事と健康への留意は誰にとっても重要なことではあるが、児玉の場合、残念ながら喫煙習慣があり、また仕事や日常が忙しく十分な休養が取れていなかったようだ。

脚の痙攣の原因は

もうひとつ気になる点は、前日に児玉の脚が痙攣したことだ。これは今回に限ったことではなく、過去にもあった。

脚の痙攣の原因としては、筋肉が疲労して、酸素や栄養分が不足すること、また脱水なども考えられる。

児玉の場合、近年の運動不足により脚力が落ちていたと考えると、以前よりも筋肉疲労が激しく、酸素、栄養分の補給が足りなかったかもしれない。また、当日は平地で観測史上記録的な酷暑であったため、脱水傾向にあったとも考えられる。児玉がどれほどの水を飲んでいたか、明確な記録はないが、同行した仲間たちから聞いた範囲では、通常の登山程度の水分補給しかしていない印象を受ける。酷暑のこの日にあっては、脱水が進んでいたと考えてもおかしくない。

齋藤医師によると、もうひとつ考えられる原因は、閉塞性動脈硬化症だ。動脈硬化を起こしていると、筋肉に栄養を送る血管が細くなっていることから、健常の人よりも痙攣を起こしやすい傾向にある。このような状態を間歇性《かんけつせい》跛行《はこう》という。

足の痙攣を軽視してはいけない。水分不足や栄養不足、疲労によって脚が痙攣する場合もあるが、閉塞性動脈硬化症が疑われたり、下肢に静脈瘤があり、肺血栓閉塞栓で死亡した事例もある。児玉がなぜ急性心臓死を引き起こしたか。これもほかの事例同様、病理解剖していないために確定することはできない。

しかし、狭心症を患っていたこと、運動不足であり日常的な疲労が蓄積していたと思われることなど、突然死の危険因子を持っていたことは確かである。

出血性脳梗塞・チョ・オユー

六十一歳・女性

障害発生の状況

仲間の名前がわからない

ここに紹介するのは、高所登山中に出血性脳梗塞を起こし、下山後医療機関で治療を受け、回復した例である。死には至らなかったものの、後遺症に苦しんだ時期もあった。

広木愛子（六十一歳）は、チョ・オユー（八一八八メートル）に登頂した翌々日の朝、アドバンスト・ベースキャンプ（ABC、五七〇〇メートル）で、自分の異変に気がついた。二次隊でハイキャンプ（上部キャンプ）に滞在している三人の隊員の名前を口に出して言えないのだ。自分専用の個人テントから出て、キッチンテントに向かった。広木と一緒にチョ・オユーに登頂した田中舞子（仮名・四十一歳）や、ABCに滞在し医療を担当している看護師の会田京子（仮名・三十一歳）に「上にいる人たちの名前はなんだっけ」と聞いた。広木の言動をおかしいと思いながらも、田中たちは、名前を度忘れしているのかな、昨日帰ってきたばかりだから疲れているのかなと、そのときはさして気に留めなかった。名前が出てこないこと以外に広木にはなんら異常はなく、ふだん通りに元気だったからだろう。

昼過ぎ、先ほどの広木の言動が気になっていた田中は、様子を見に彼女のテントへ行った。すると広木は、計画書を見ながら「名前がわからないの」と涙ぐんでいた。田中はいよいよこれはおかしいと感じ、ほかの隊のチームドクターを探して回った。チョ・オユーのABCは広い。八〇〇〇メートル峰登山の登竜門と言われ、山容も美しく、外的危険も少ない状況で登れるチョ・オユーは、近年ますます人気を高めた。商業公募隊もたくさん入山している。これだけの隊が集まれば、テント数も増え、ABCの範囲も広がる。田中のように俊足で、高所に順応している人であっても、いちばん下のテントからいちばん上のテントまでゆうに三十分はかかるだろう。その広いABCを田中は駆けずり回って、ほかの隊のチームドクターを探した。しかし、あいにく医師を見つけることはできなかった。すでに下山した隊、ハイキャンプに上がっている隊が多く、ABCのテントの数は多くても、滞在している人数は少なかったのだ。

日中、広木はほかの隊から借りた衛星電話を使って、千葉県の留守宅に電話をし、夫と話をした。夫の国昭も広木と同じちば山の会に所属する。今回、チョ・オユーを登る前に、隊のメンバー全員で高所順応のために、ネパールのピサン・ピーク（六〇九一メートル）に登った。国昭は当初からチョ・オユーには参加せず、ピサン・ピークだけに登る計画であった。しかし、広木夫妻は体調が万全でなかったため、以後の愛子のチョ・オユーを考え、ピサン・ピークに登頂しなかった。最終キャンプまでの登山となったが、国昭はピサン・ピーク後、カトマンズに戻ったのち、予定通り隊のメンバーたちと別れて、ひとり日本に帰国していた。

国昭は愛子からの電話で、愛子たち第一次隊の三人が無事登頂し、ＡＢＣに戻ってきていることを知った。しかし、愛子は夫との電話でも言葉が出てこないことがしばしばあり、上手に話すことができなかった。

愛子は、国昭に「二日に登ったよ。元気です。うまく話せないので（ほかの人に電話を）代わる」とだけ伝えた。頭ではわかっているのに言葉が出ないことが、自分自身もどかしくもあり、またなぜこのような症状が出ているのかもわからず、不

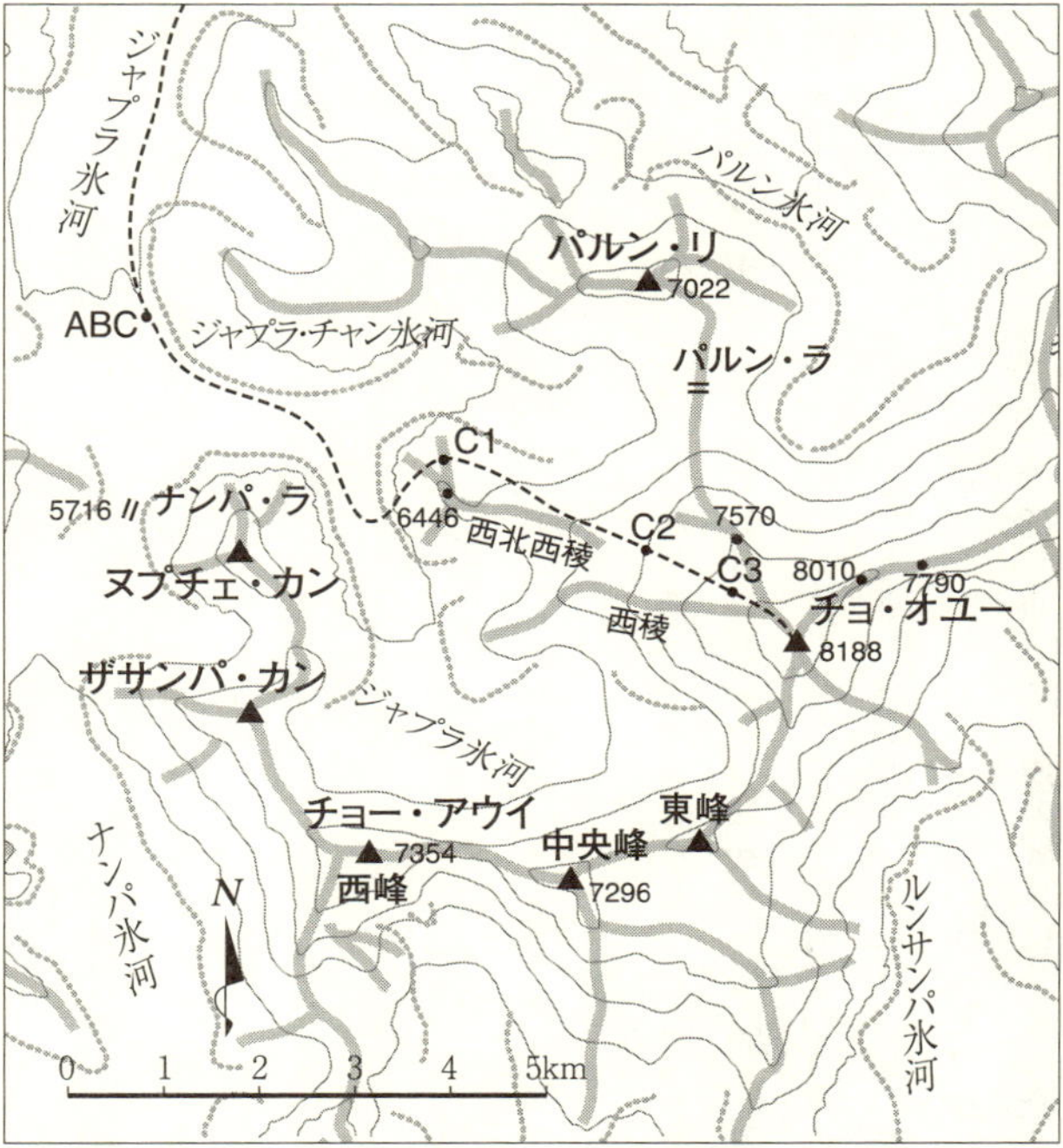

ジャプラ氷河
パルン氷河
パルン・リ
7022
ABC
ジャプラ・チャン氷河
パルン・ラ
C1
5716
ナンパ・ラ
6446
西北西稜
C2
7570
C3
8010
7790
ヌプチェ・カン
チョ・オユー
西稜
8188
ザサンパ・カン
ジャプラ氷河
東峰
チョー・アウイ
中央峰
7354
西峰
7296
ナンパ氷河
ルンサンパ氷河
N
0
1
2
3
4
5km

安も大きかった。自宅の電話口の国昭は、正直なところ現場の様子がよくわからなかった。愛子は「言葉が出ない」と不調を訴える。チームメイトの田中もそのことを心配して、国昭に「すぐにカトマンズに来てほしい」という。「高度障害で言葉が出ない」ともいう。しかし、原因はわからない。言葉が出ないこと以外の不調はないようだ。単なる疲れなのか、田中が言うように高度障害の一種なのか。

電話はシェルパのティカに代わった。ティカは以前も広木夫妻のトレッキングや登山に同行したことのあるなじみのシェルパであった。そのティカが、「心配ないです。明日、カトマンズに戻って、病院に行きます」「心配しないでください」と何度も繰り返した。

国昭は、実際の様子はよくわからないが、歩けないなどといった行動障害が出ていないこと、比較的症状が安定していることは少しは安心材料だとも思った。これはABCにいた田中たちほかの隊員も同様だった。高度障害という言葉が適切かどうかはわからないけれど、ひょっとしたら彼らが言うように高所登山での疲れがひどく残っていて、そのために言葉が出ないという症状なのかもしれないと考えた。電話口の愛子や田中よりもティカのほうが高所登山の経験は多いのだし、ティカが

ＡＢＣから見たチョ・オユー。上部のルートはほぼ中央の氷河を登る

心配するなと言うのだったら心配ないのかもしれない、以前にも彼はこのような症例を見ているのかもしれないとも考えた。とにかくABCにいては埒が明かない。明日すぐにカトマンズの病院へ行くというのだから、それを待つしかない。国昭はカトマンズへ行けるよう準備だけは整えるつもりだった。

広木の隊のリーダーである新井貴之（仮名・五十九歳）は二次隊のメンバーとしてハイキャンプに上がっていた。その新井と連絡が取れたのは、新井が第二キャンプに到着した夕方のことだった。無線を通じて田中と会田から状況を聞いた新井は、ただちに広木を下ろすことを命じた。

田中同様、新井も「言葉が出ない」という症状が出る原因はわからなかった。しかし、標高が高いということは、体によいことは何ひとつない。明日早々にベースキャンプ（四七〇〇メートル）へ下山し、その後なるべく早い方法でカトマンズの病院へ行くよう、田中とティカに依頼した。ティカは前述の通り広木となじみがあり、彼女の信頼を得ているだけでなく、チョ・オユーは二度目であり、サーダー（シェルパ頭）クラスであること、また下山後の車の手配や国境越えの手続きなども上手にできるので、新井はティカが同行することに心配はしていなかった。

カトマンズの病院へ

翌日、広木は下山することになった。自分の力で歩くことはできるけれども、少しでも早く安全に下山したほうがよいということで、ポーターが広木を背負った。広木に言語障害以外の障害がないため、本人はもとより周囲もそれほど逼迫感はなかったという報告がある。しかし、広木に付き添ったシェルパのティカが隊長の新井に報告した話のなかには、歩くのに多少心配があり付き添うような形になったという内容もある。本人の記憶もあいまいなので実際のことはわからないが、それぞれの証言を総合すると、第一に言語障害があり、運動障害については目立ってはいなかったようだ。

ABCからベースキャンプまでは結構な道のりである。標高差は一〇〇〇メートルであるが距離が長い。体調不良の広木の足では、おそらく丸一日かかってしまうだろう。合計四人のポーターが交代しながら広木を背負って、ABCとベースキャンプの中間にあるキャンプ地（五四〇〇メートル）までたどり着いた。そこからは、ほかの登山者がチャーターした車に同乗させてもらってベースキャンプへ向かった。

ベースキャンプよりも下にある村、ラオティンリもしくは、ティンリのホテルまで移動したいと広木は思っていたが、車が手配できないなどの理由で、その日はベースキャンプに宿泊することになった。

カトマンズまで同行してくれる予定のティカは、ほかの外国隊の世話もすることになっていて、なかなか広木に手が回らない。広木は、症状が変わらないことや、いったいいつ自分はカトマンズに戻れるのか、病院へ行けるのか、先々のことも見えず、不安は一層募った。

周辺に外国隊のメンバーもいたが、言葉が出てこないこと以外、不調のない広木なので、気にとめてくれる人もいなかった。話しかけてもなかなか返事が返ってこないということがあったとしても、日本人だから英語が苦手なのかもしれない、シャイなのかもしれない程度にとられていたようだ。広木が言語を失調したという重篤な症状を抱えていることを認識している人は、ティカ以外いなかった。

翌朝も出発する様子はなかった。不安は晴れなかった。夕方までひとりで待機していると、やっと出発の準備が整ったというティカが戻ってきた。外国隊がＡＢＣから下山するのを待って、車でネパール国境へ向かった。その日、十月六日の宿

チョ・オユーのベースキャンプ。事実上のベースは上部のＡＢＣになる

泊地は、中国側にある国境の村ザンムー（二三五〇メートル）だった。日本でいうと、尾瀬の燧《ひうち》ヶ岳や北アルプスの乗鞍岳山麓の位《くらい》ヶ原の標高と同じだ。チベットの乾燥した風景とは打って変わり、草木が生い茂り、緑が濃く、湿度も高くなってくる。前日朝まで滞在していたＡＢＣは五七〇〇メートルだったので、これだけ標高を下げれば、通常、体はかなり楽になる。しかし、広木の症状がよくなることはなかった。

　のちのちの診断でわかることだが、広木は側頭葉に出血性脳梗塞を起こしていた。一度発症してしまうと、標高を下げただけで簡単に症状が改善されることはない。しかし、酸素が薄いのは何よりもよくないことである。いかなる病気やケガであっても、高所で発症した場合、可能であるならば、酸素ボンベやガモフバッグ（携帯用高圧バッグ）などを使用して、酸素吸入し、速やかに標高を下げることが重要だ。

翌七日の夕方、広木はカトマンズに到着した。広木が投宿したのは、カトマンズ郊外にあるこぢんまりとしたゲストハウス。なじみの宿である。隣にはゲストハウスの親戚が経営するホテルがあり、そこの女主人紘子《ひろこ》・トラチャンは日本人である。広木はこのホテルに紘子を訪ねた。紘子の顔を見て心底ほっとした。信頼できる彼女に自分の症状をすべて話したかったが、いまだ思うように言葉が出ない。それでも、ふたりで夕食を食べてゆっくりすることができた。

十月八日、紘子の紹介で、日本語の堪能な脳神経外科専門医がいるという病院へ向かった。この医師は、広島大学で脳外科を学んでいる。ノルビック・エスコーツ・インターナショナル・ホスピタルというこの病院は、インドを本拠地とするもので、質の高い治療が受けられると評判である。カトマンズ在留の外国人はもとより、トレッキングや登山などに訪れた外国人も、高山病、脳卒中、心疾患などの緊急時に対応できる病院として、多くの人が助けられてきた。

ＣＴスキャンを撮影したのち、最初の診断で言語中枢をつかさどる側頭葉に出血性梗塞が見られるが、リハビリを繰り返せば回復する、手術の必要はないと医師から告げられた。点滴治療、酸素吸入、薬の投与も始まった。

紘子は、連日、ホテルから食事を持って病院に通い、夜は病院に宿泊して広木に付き添った。ネパールの病院は日本とは違い、入院患者に食事の提供はない。そのため家族など周囲のものが外部から食事を持ち込むことになる。また、紘子はリハビリのためにともかく広木と話す時間を長くとった。たくさん話すことこそがリハビリなのだと医師に言われていた。

カトマンズに着いた当初、広木は自分の名前と夫の名前だけ言うことができた。紘子が誰であるのかわかっていても、紘子の名前は出てこない。ネパール、カトマンズといった地名も口にできなかった。紘子は「広木さんが話す文章はいろいろな矛盾があった。たとえば〝彼〟と〝彼女〟が混乱していた」とも言う。女性である紘子のことを指すのに「彼女」ではなく「彼は……」と話すこともあったという。

言語以外の点は以前となんら変わらないのに、こと言葉に関してだけ異常があった。しかし、それも連日紘子と話を続けるうちに少しずつ言葉数が増えてきた。三食のおいしい日本食のおかげで食欲も出てきて、よく眠れるようにもなった。

十三日には夫の国昭がカトマンズに到着した。担当医師からCTスキャンの画像を見せてもらい、夫も広木の病状について説明を受けた。「画像から判断すると相当悪いが、症状はとてもよいので驚いている」と言われた。また、「言語障害以外にはまったく障害が出ておらず、運動機能にも障害がないので回復は早いだろう」とも告げられた。

そのとき医師は「原因は特定できない。発症してから来院まで時間が経っているので、登頂前から梗塞があったのか、登頂後なのかもわからない。高所登山による低酸素、脱水症状、肉体的疲労、ほか精神的疲労など、さまざまなストレスが引き金になると考えられる」と述べた。

十四日には退院し、紘子のホテルに戻った。広木は退院すると一層気が楽になり、食欲も出てきた。外に出て歩きたいと思うようにもなり、カトマンズ市内を散策したりした。話せる言葉の数も増えてきたし、登山中のことは細かいことまでよく覚えており、夫の国昭に話すことができた。当初は書くこともできなかったけれど、だんだんと簡単な文字を書けるようになってきた。

二十六日には、診察の結果、帰国の許可が出た。これ以上薬を服用する必要はないし、飛行機に乗ってもよいということである。担当医師からは、日本に帰ったら言語に関するリハビリを受けるよう指導された。帰国が決まると広木の心も落ち着いた。ひとりでカトマンズの市街に観光に出かけたり、食事に行くこともできるようになった。人の名前も少しずつ声に出して言えるようになってきた。紘子も広木の目覚ましい回復に安心していた。

帰国の翌日、十一月四日から自宅近くの病院で検査を受けた。頭部MRI、CTスキャン、心臓エコー、二十四時間心電図、頸動脈エコー、胃カメラ、胸部レントゲン、血液検査を順次受けたが、頭部の出血性脳梗塞以外に異常はなかった。

その後、十二月二十日に東京女子医科大学付属病院を訪ね、橋本しをり医師に再度検査をしてもらった。内容は、神経学的所見、言語検査、血液検査、頸動脈エコー、経頭蓋超音波ドプラ。言語検査の結果「軽度の漢字の失書」が見られた。軽度であるが漢字を書くのに不自由があるということだ。難しい漢字、画数の多い漢字については、いまだ書くのに苦労していた。ほかの検査には異常がなかった。

次ページの広木の頭部CTスキャンの写真を見てもよくわかる。発症七日後のカトマンズで撮影したもの（上段）の左側頭葉（画像では右側になる）にある黒い影と白い影が混ざって見える部分（梗塞部分）が、発症三カ月後に東京女子医科大学で頭部MRIを撮影したときには、小さくなっている。

背景

チョ・オユーへの道のり

話は前後するが、広木のチョ・オユーまでの過程を振り返ってみる。

広木が登山を始めたのは高校山岳部でのことだった。就職、結婚後はしばらく登山から足が遠のいた。

仕事場は保険会社であり、事務仕事をしていた。一九七三年、二十九歳のとき、けいわん障害（職業性頸肩腕症候群）を発病した。ふたり目の子どもを育児中のと

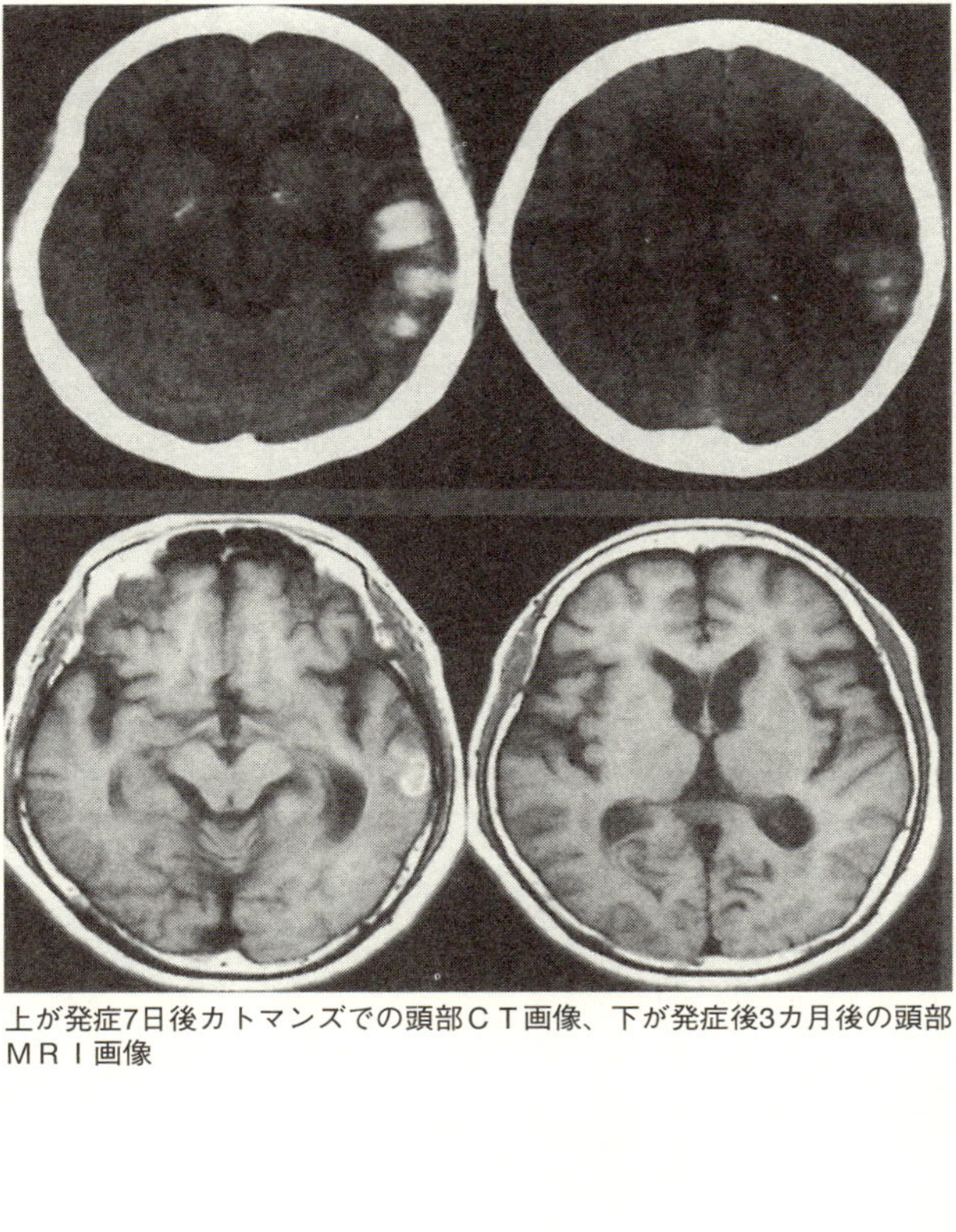

上が発症7日後カトマンズでの頭部ＣＴ画像、下が発症後3カ月後の頭部ＭＲＩ画像

きだった。その後、けいわん障害には三十年以上苦しめられた。

「好きなことをやりなさい」という医師のアドバイスで、運動を続けたところ、症状が軽減した。これが広木らしいところで、じっとしているよりも、動いて、打開策を見つけて、なんとか治していこうという前向きの姿勢だ。

一九八五年ごろからは筋力トレーニングや水泳、卓球、登山を再開した。そのころ、ちば山の会にも入会し、目標もでき、充実した登山を続けることができた。けいわん障害についてもほぼ完治した。

国内では岩登りや冬季の雪山登山などオールラウンドに行なっていた。やがて、高所登山に目が向き、二〇〇五年には、ガッシャブルムI峰（八〇八〇メートル）に挑んだ。日本勤労者山岳連盟が組織する隊で、メンバーは全国各地から集まった。広木は結局、第二キャンプ（六六〇〇メートル）までとなったが、高所登山に関する一連のことを学んだ。それは国内での準備から始まり、荷造り、現地エージェントとの折衝、異国の山のなかで長期間過ごす術、高所でのさまざまなこと。これらの経験が、広木にとってチョ・オユーに向かう原動力となった。

チョ・オユーは、長野県の山岳会連合体の記念行事であった。広木は千葉県在住で、千葉県の山岳会に所属していたが、ガッシャブルムⅠ峰登山を通じて、全国に山仲間ができ、今回もその縁があって、長野県の登山隊に参加することになった。

前述したが、チョ・オユーの前に、一行はネパールのピサン・ピークで、高所順応を兼ねた登山を行なうことになっていた。このピサン・ピークの登山には広木の夫である国昭も参加した。登頂した隊員は四人だった。残りの四人のうちふたりは、最終キャンプである第一キャンプ（四九〇〇メートル）を出たあと、途中で引き返した。広木夫妻は、前日から咳が出て、体調が万全でなかったため第一キャンプに留まった。彼女としてはチョ・オユーに照準を合わせたかったし、チョ・オユーのベースキャンプに入る程度に順応できていればよいと考えていた。リーダーの新井も同様に考え、無理をしないよう助言した。広木は登頂こそ逃したものの、第一キャンプに宿泊しているので、五〇〇〇メートル程度にはほぼ順応できたと考えてよいだろう。

その後、カトマンズに戻り、準備を整えて、チョ・オユーに向かった。

順調だった登山活動

チョ・オユーのベースキャンプまでは、ネパールから陸路を車で行った。ネパール・中国国境の街であるコダリ（ネパール側）、ザンムー（中国側）があるあたりが標高二三〇〇メートル。そこからどんどんとチベット高原に向かって上がっていく。ニェラム（三八〇〇メートル）、ティンリ（四三〇〇メートル）と標高を上げた。ティンリには二泊して、再び高所順応をすることになった。二時間半かけて標高五〇〇〇メートルの丘に登り、周辺を散策した。

車でベースキャンプ（四七〇〇メートル）に入ったのが、九月五日だ。そこには三泊滞在し、高所順応をし、上部キャンプへの準備を整えた。九日、中間キャンプ（五四〇〇メートル）滞在。チョ・オユーの場合、ベースキャンプとABCの距離が長いこともあり、中間キャンプに一泊してからABCに入る隊も多い。翌日、ABC（五七〇〇メートル）に入った。標準的なスケジュールである。

広木の調子もよかった。ピサン・ピーク以来悩まされていた咳はいつしか収まっていた。新井の記憶によると、ABC入りするまでは、広木はいつも二番手か三番

6400メートルの第1キャンプ。所せましとテントが並ぶ

手を歩き、ときには先頭を行く新井のすぐ後ろを歩いていることもあり、調子がよさそうだった。

結果から見ると、広木はABC入りしてから二十日後に、登頂態勢に入った。その間、ABCから見えるネパール・中国国境の峠ナンパ・ラ方面にハイキングへ行ったり、第一キャンプ(六四〇〇メートル)に荷上げし、一泊した。

高所順応の活動は各自さまざまである。大まかな予定は組まれていたけれど、それぞれの体調や天気によって変動していく。広木は、第二キャンプ(七二〇〇メートル)には到達できないまま、山頂へ向かうことになった。

ＡＢＣでの体調は悪くはなかったが、その後、咳は再発していた。食欲がない日もあった。また、個人用テントで休養していた日もあったと周囲は言う。しかし本人は、咳が出ていたかな……という程度の記憶で、体調不良も感じていなかった。食事量については、ガッシャブルムI峰の経験上、摂取量を抑えて胃腸への負担を減らすようにしていた。ピサン・ピークから続く長期間の登山でもあり、キッチンテントなどに出ていくよりも個人テントにひとりでいる時間がいちばん安らぐときであり、ついつい個人テントにいる時間が長かったと広木は言う。担当の食糧に関する作業は行なっていたし、広木本人の自覚によると、体調不良や疲れは感じていなかったようだ。

九月二十九日、いよいよＡＢＣを出発する。朝食の前にテントを出て、一時間ほど歩いてから朝食をとった。頭痛や吐き気などの障害はなかった。ゆっくり景色を見ながら第一キャンプに向かった。以前に宿泊している標高なので問題もなく食事当番もこなした。ハイキャンプの食事はアルファ米を雑炊のようにしたり、ふりかけをかけて食べるか、乾燥うどんを食べていた。ほかにスープや味噌汁、お茶類などで水分をとっていた。

翌三十日は第二キャンプが目的地である。広木にとっては、今回の登山においても、また過去にも経験したことのない初めての高度になる。前日同様それぞれのペースで歩いた。第一次隊は広木のほか田中舞子、後藤邦夫(仮名・六十五歳)の三人。年長である後藤がリーダーであった。田中は、トレイルランニングやクライミングに長けていて、千葉県代表の国体選手でもあった。年齢がほかのふたりより若いだけでなく、ずば抜けた体力によって、いつも先頭を歩いていた。高所登山の経験はなかったけれど、チョ・オユーの登山では、彼女が体力的に追い込まれることはなかっただろう。このようにペースも体調も人それぞれなので、各隊員は自分で自分に責任を持ちながら、それぞれに合わせた登高をした。

広木は、中国の隊に所属していたチベット人隊員たちと抜きつ抜かれつ登ることになった。歌を歌ったり笑ったりしながら登る彼らの横で、広木も久しぶりに開放感を味わい、楽しんでいた。第二キャンプに到着したのは、午後四時ごろ。後藤よりは先に到着した。先行した田中の到着時間は十二時だが、この差は年齢と体力の違いであろう。この後の田中のペースを見ても、ほかのチョ・オユー登山者のなかで比べても、彼女は平均よりも体力があり足が速い。そう考えると、広木の到着時間はさほど遅くはないだろう。

第二キャンプからは、三人全員が睡眠用酸素を使うことになっている。当初、広木は第三キャンプから酸素ボンベを使用することを考えていた。しかし、アタック前に第二キャンプに到達できず、無酸素で第三キャンプ（七六〇〇メートル）に入るには順応が不十分であるという新井の判断のもと、第二キャンプ以上では睡眠中も行動中も酸素ボンベを使用することになった。睡眠用酸素は毎分〇・五リットルだ。一本の酸素ボンベに分配器をつけて、広木、後藤、田中の三人が吸う。行動中は一〜二リットルだ。

酸素ボンベは、隊全体で十三本用意してあった。当初は三人の隊員が第三キャンプ以上で使う予定だったので、ひとりあたり三本。これに予備を一本加えて、合計十二本である。結果、三人とも第二キャンプの睡眠から酸素ボンベを使用したが、予備の一本を加えれば十分な量であった。これらのほかに、医療用として一本用意し、ＡＢＣに常備してあった。

広木は第三キャンプでのこの夜、酸素マスクを外してしまうことがたびたびあった。本人の話によると、マスクに違和感があり邪魔に感じて、知らず知らずのうちに外していたようだ。マスクを外してしまったことが、広木の体にどの程度の影響を与えたかはわからない。

十月一日の行程は第三キャンプへ。広木はこの日の朝、頭痛もなく目覚め、体調がよかったと自覚している。酸素ボンベを使って登る。毎分あたりの流量は一・五〜二リットルである。酸素ボンベを使う上に、距離は昨日よりも短くなり、標高差も小さいので比較的楽なはずだ。第三キャンプは第二キャンプから見通せる位置にある。

今日もそれぞれのペースで登る。田中の次に広木が到着したときもまだ、隊のテントは設営されていなかった。広木はテントが設営されるのを待って中に入った。

翌日はいよいよ登頂日である。朝二時に起きて準備をした。広木本人の記憶では、もたついたりせずスムーズに準備ができた。頭痛や吐き気もなく体調は良好。風がなく天気もよかったので、山頂までも調子よく登れた。

周囲は広木の行動を見て、疲れや高所の影響が出ているという印象を持っていた。

歩行や動作が遅くなっていたからだ。実際のことはわからないが、おそらくひどい高度障害はなく、登頂できたのだろう。高度障害がひどくなれば登頂などできないからだ。歩行が遅くなったというのも、標高が高かったことによるものだろう。

この日は第二キャンプまで下降した。第二キャンプに宿泊したのは広木と後藤のふたり。俊足の田中は一気にABCまで下降していった。この晩広木は、コンロが手元になかったため、温かい湯が飲めなかったと述べている。本人は当時を振り返って、水分補給が十分ではなかったと感じている。

高所登山では、どうがんばっても脱水傾向になる。行動している日の運動量は多く汗はかいている。空気が乾燥しているため呼気から失われる水分も多い。しかし、それを補うだけの水を作り出すことは不可能に近い。ヒマラヤのハイキャンプで流水が得られることはまずなく、雪を融かして飲み水を作る。しかしそれには燃料も時間もかかる。上部に上げる装備を少しでも軽くしたいため、荷上げできる燃料は限られる。また、上部ではハードな行動になることが多く、時間も限られている。このような理由からふんだんに水が飲めるわけではなく、どうしても脱水傾向になってしまう。少しでも多く水を飲むよう心がけなければならない。

7600メートルの第三キャンプからチョ・オユー頂上を仰ぐ

この晩、後藤は酸素ボンベを使用したが、広木は寝入りばなで使用したのち、酸素マスクを外して寝た。三日、後藤と広木は第一キャンプを経由し、ABCまで下降した。第一キャンプを過ぎ、モレーン帯を歩いているとき、これから登頂アタックに向かう二次隊と出会った。二次隊の三人は酸素ボンベを使わずに登頂することを計画していた。次つぎに三人とすれ違うとき、登頂をたたえたり、これからの登山を応援したりする声を互いにかけあった。握手をする者もいた。このときの新井の目には、広木には別段変わった様子はなく、いつも通りのように映った。

しかし、広木はこの直後、強い頭痛を感じた。いったん歩行を止め、休憩して鎮痛剤を飲んだ。薬がきいたのか、まもなく頭痛は治まり、再びABCに向かって歩き出した。

ABCに到着したのは夕方の五時ごろ。出迎えた田中の記憶では、後藤よりも広木のほうが元気だったと感じたくらいだった。広木は隊員やシェルパ、キッチンのスタッフなどにお礼の挨拶をし、夕飯を食べて、早々にシュラフに入った。

そしてその翌日、冒頭で述べたような〝言葉が出ない〟という症状が現われたのだった。

症状の分析とその後

脳静脈洞血栓症による脳梗塞か

今回の広木の症状は、側頭葉に出血性梗塞があったと診断された。

一般的に脳梗塞を起こす危険因子として、動脈硬化、高血圧、糖尿病、高脂血症、

10月2日、チョ・オユー山頂に立つ広木。無風快晴のおだやかな日だった

喫煙などが挙げられる。広木については、このような危険因子は見当たらない。喫煙の経歴はなく、高血圧でも高脂血症でもなかった。ふだん平地で頭痛を感じたことはなく、いわゆる頭痛もちでもなかった。ひとつ気になるのは母親が糖尿病であったという家族歴があることだ。広木本人はふだんから定期的に運動もしており、引き締まった体つきである。

広木の症例について、帰国後に彼女を診断しリハビリ指導などを行なった橋本しをり医師（神経内科、東京女子医科大学）と、麻酔・蘇生学を専門とする齋藤繁医師（麻酔・蘇生学、群馬大学）に話を聞いた。齋藤医師は、ほかの高所登山で起きた脳静脈洞血栓症の事例について研究したこともある。

橋本医師は、広木は言語野を中心に症状が現われ、運動機能などに障害が出なかったことは不幸中の幸いだと述べた。出血あるいは梗塞の部位によっては、運動障害が出てもおかしくないからだ。とくに山中や高所で運動障害が出ると、本人が歩くことができない場合もあるだろうし、事態は一層深刻化する。

また、脳梗塞が進行したとしても、それだけが原因で、あるいは脳血管障害が原因で突然死をすることは少ないともいう。呼吸など重要な機能をつかさどる脳幹部の血管が詰まれば、深刻な状態にはなるが、それによる突然死（二十四時間以内に死亡すること）はまれであり、適切な時期に医療機関に搬送でき、治療いかんによっては存命できる。しかし、山中では簡単に医療機関に搬送できない場合も多いため、登山中に脳梗塞を起こし、深刻な事態に陥ることが多い。

また、高所登山中あるいはその直後は、多くの人が程度の差こそあれ頭部がむくみ、浮腫を起こしている可能性がある。

橋本医師は、広木の事例について、カトマンズの病院では造影剤を使った診断をしていないこと、橋本医師のもとに診断を受けに来たのが発症した三カ月後であり、発症早期に脳血管撮影が行なわれていないことから、出血性梗塞の原因を断定することはできないという。

断定はできないが、脳静脈洞血栓症の疑いが挙げられるというのは橋本医師、齋藤医師の共通見解である。脳静脈に血栓ができ、脳梗塞を起こしたという意味だ。

脳静脈洞血栓症には、感染性と非感染性がある。前者の割合は八パーセント程度と低く、多くが後者である。非感染性のなかには、外傷、悪性腫瘍、凝固系の異常、抗リン脂質抗体症候群、産褥、妊娠、経口避妊薬の服用、重篤な脱水症、心疾患があると言われているが、原因不明なものも多い。

多くの場合に頭痛が現われ、ほかに痙攣、意識障害が見られる場合もある。症状は徐々に進行するが、突然発症することもあり、脳梗塞、脳出血、脳腫瘍、脳炎、代謝性脳症、良性頭蓋内圧亢進など、ほかの原因と区別するのも難しい。

橋本医師は、脳静脈洞血栓症の原因に挙げられる脱水症と、今回の広木の環境が一致すると考えた。これまで述べたように、高所登山ではほとんどの人が脱水に大きく傾く。また、大変なストレスを受けて登山をしているため、疲労は感じているだろうが、多くの場合、実は高所登山はたいした運動量ではない、というのも橋本医師の指摘だ。

高所順応のために活動するとき、頂上アタックのときには大きな負担がかかり、運動量も増す。しかし、高度に体を慣らすために休養する日、登頂のために天候を待つ日も少なくない。一カ月以上に及ぶ高所登山の行程を振り返ってみると、あまり運動しなかった日が多いことは多くの高所登山に共通することだ。

広木の今回の登山を振り返っても、彼女がベースキャンプ以上に滞在した日数は三十二日間であるが、そのうちもっとも大きな負担がかかり、運動量も多かった登頂アタックにかかった日数（ＡＢＣを出発して登頂し、ＡＢＣに帰還するまでの日数）は、五日間である。ほかの日は高所順応のために運動した日もあるが、それもせいぜい五日間程度だろう。つまり、全行程の三分の二は、あまり運動してないことになる。これは広木に限ったことではなく、多くの高所登山者に見られる傾向といってよいだろう。

運動量は多くなく、高所に滞在する日数が長いため脱水傾向になり、脳の浮腫が進行し、体全体の循環が悪くなる危険がある。これは、ロングフライト症候群（エコノミークラス症候群）を発症するときと似たような環境でもある。

ロングフライト症候群というのは、長時間飛行機に搭乗した場合に起こりやすいことからその名がつけられた静脈血栓症（肺血栓塞栓症）である。長時間体を動かすことがなく、同じ姿勢を続けた場合に、下肢に深部静脈血栓症が起こり、その血栓の一部がはがれ、血液とともに心臓を通り、肺に行き、肺血栓塞栓症を引き起こす。

脳静脈洞血栓症は、肺に血栓が行くわけではないけれど、同じような仕組みで起こるものだ。このように考えると、高所登山そのものに静脈血栓症を引き起こす要因があるといえる。脱水症、運動量の低下、高所における脳浮腫、循環の悪化などだ。これらを回避するには、登山者はできるだけ水分をとること、休養日もテントに引きこもらず周辺の散歩など積極的に運動することが必要だと考えられる。

また、事前に血栓症や梗塞を起こす危険因子をもっていないかチェックすることも重要だ。肥満、高脂血症、高血圧、喫煙、糖尿病は危険因子となる。これらの因子をもっている人は、なるべく因子を減らすように努めなければならない。

以上の危険因子には何ひとつよい点がない。喫煙は本人の意志によりすぐに止めることもできるので、禁煙はいちばん早い予防法だ。また、日常でも適度な運動を行ない、適切な食事と休養をとることによって、肥満、高脂血症、高血圧を防ぐこともできる。「言うは易し行なうは難し」ではあるが、長年登山を楽しもう、登山を続けようと思うならば必須のことである。

しかし、以上の点をすべてクリアしても、高所登山中に脳静脈洞血栓症が起こる可能性はある。これを防ぐためには、高所に滞在する期間をできるだけ短くすることが有効である。高所がもっている低酸素、低圧、低温という環境そのものが誘因となっているからである。極端な言い方をすれば、高所登山をしないことがいちばんの解決法かもしれない。つまり、高所登山には、それだけのリスクが内在しているということだ。

高所登山と血栓症

広木の症例に類似したものが、過去にもいくつか報告されている。そのうちのふたつを、ここで紹介する。

ひとつは、一九八三年にローツェ（八五一六メートル）とエベレスト（八八四八メートル）に登山した隊の例だ。隊員のなかに静脈血栓症によって出血性脳梗塞を発症したものがいた。「登山医学」（第四巻、一九八四年、浅地徹ほか）に報告されている。

二十七歳のこの男性は既往歴や家族歴に特記するものはなく、登山前の健康診断にも異常はなかった。最初は順調に登山を行なっていたが、七五〇〇メートル付近から動作が緩慢になり、のちに第二キャンプ（六五〇〇メートル）に悪天のために六日間滞在したときには、顔面に浮腫が現われ、尿の量も減少したため、ブメタニド（利尿降圧剤）を服用し、症状が軽減した。ローツェに登頂後、第二キャンプに戻った時点では、頭痛が増し、ふせったままになり、少量の流動食しか食べられない状態になっていた。

ベースキャンプ（五三五〇メートル）に自力で下降した翌朝から、頭痛が再発し、傾眠状態になった。それから帰国まで、朝方に頭痛を感じること、ベースキャンプ滞在日数を誤認するといったような時間の失認、左上のまぶたが軽度であるが下垂すること、一過性の軽度の失調歩行などの症状があった。

彼は帰国後に、CTスキャンをしたのち、原因が特定できなかったために開頭し、静脈血栓症による出血性脳梗塞とわかった。

広木も出血性脳梗塞であったが、その原因となったのは、この男性と同様に静脈血栓症であった疑いがある。

もうひとつの例は、齋藤医師らによって「登山医学」（第二十三巻、二〇〇三年）に報告された、ガッシャブルムI峰（八〇八〇メートル）を登山中に起きた事例である。

この報告に、齋藤医師らは「肺水腫や脳浮腫などは重症な高度障害として広く知られているが、脳血管の血栓症もわすれてはならない疾患である。これらは、頻度こそ多くないが、生命に危険を及ぼす可能性が高く、うまく救出されても後遺症を残す可能性が高い」と書いている。

ガッシャブルムI峰で発症した当時三十七歳の男性は、それまでに四座の八〇〇〇メートル峰に登頂した経験があった。登頂後、七二五〇メートル地点でビバークをし、翌日、第二キャンプ（六四〇〇メートル）付近を下降中に体がふらつくのを感じ、ろれつが回らなくなり、メンバーの助けを借りながら六〇〇〇メートル地点まで下降した。脳浮腫が疑われたために、デキサメタゾン（脳浮腫を改善させるステロイド系抗炎症薬）とニフェジピン（血管拡張剤）を服用した。翌日になると、起き上がることもできなくなった。腕にはしびれがあり、視野狭窄を訴えた。メンバーは彼を両側から支え、下降を再開した。翌々日からは酸素吸入もできるようになったが、ベースキャンプに到着したのは発症から四日後だった。さらに酸素吸入を受けながら救援ヘリコプターの到着を待ち、山麓のスカルドの病院に収容されるまで四日がかかった。

日本に帰国し、医療機関に搬送されたのは、発症から十一日後。ＭＲＩの結果を見ると、前頭葉と小脳に血流還流不全が起こり、その結果、虚血性の機能障害が出たものと考えられた。

症状は、歩行障害、言語障害、平衡機能障害、書字不能（文字を書けない）、断続性言語（文章にして話をすることができず、断続的に言葉を並べる）が現われていた。

以上の診断が下されたが、齋藤医師らは症状が発症してから十日以上が経過してからの検査であり、現地でも若干の治療が行なわれていることから、急性期の病態からはかなり変化している可能性が高いと述べている。また、血行動態の異常は、彼自身のそれ以前のデータがないため、今回の発症前から存在していた可能性は否定できないともいう。実際に、椎骨動脈の異形は正常な人のあいだで三割程度あるという報告があるからだ。

この報告を見ても、高所登山には血栓症のリスクがあることがわかる。

齋藤医師は高所登山中の血栓症の誘因となるものとして以下のことを挙げる。

ひとつめは長期間高所に滞在することによって酸素輸送機能を上昇させるために赤血球が増え、血液の粘調度が増加すること。もうひとつは繰り返し述べていることであるが、高所登山では登山者は常に脱水状態にあると考えられ、これが血液の粘稠度をさらに増加させるという誘因だ。最後に、高所障害によって脳浮腫が起こり、脳圧が亢進され、脳灌流圧低下による血流うっ帯が起こりやすくなると考えられる。

ガッシャブルムI峰の男性の場合、これらの危険因子すべてが存在していた。とくに発症前日は、登頂後にほとんど水分を摂取せずにビバークしており、この状況が直接的なきっかけになった可能性があるという。

広木の場合も、同様にこれらすべての危険因子が存在していた。高所登山ではほとんど避けることができない因子である。

齋藤医師は、高所登山中の血栓症を予防するためには、十分な水分補給を心がけること、高所に滞在する期間をなるべく短くする工夫が必要だという。また、喫煙は血管が収縮するため、組織循環を悪化させ、一酸化炭素へモグロビンの生成によって多血症を悪化させるなどの理由により、血栓症のリスクを増大させる。登山中はもちろんのこと、日常的にも禁煙を心がけたほうがよい。アルコール類は利尿作用があるので高所では控える。利尿剤の使用も血液の粘稠度を亢進させるので長期間服用することは避ける。以上の心がけが必要だ。

しかし、齋藤医師は、「これらの点に注意を払っても、高所登山には依然として血栓症のリスクがあることを、登山者は十分に認識してほしい」と言い、橋本医師も同調する。

広木のほか、今回例に挙げたふたりの男性は帰国後の治療とリハビリによって、それぞれ社会復帰をしている。

突然死を考えるとき、心臓に原因がある場合、それは致命的なこととなり死亡に直結する場合が多い。一方、脳の場合、即時に死亡する例は少ないが、重篤な後遺症を残すことが多い。とくに登山中の場合、医療機関への搬送に時間がかかること、標高が高い場合は、発症者は引き続き低圧、低酸素、低温という劣悪な環境に身を置かなければならないことが、事態をさらに悪化させる。

また、広木の場合とは異なるが、脳浮腫により死亡する場合もある。低圧・低酸素という環境にあって、脳への血流を多くしようと働いたとき、頭蓋内の脳圧が上がる。しかし、脳圧が上がりすぎると、血流が極端に少なくなって、さらに進行すると脳内の血管に梗塞が起こり死亡する危険もある。心臓同様、脳についても、深刻な事態になることは変わりがない。

広木はその後も、橋本医師の指導を受けながらリハビリを続けた。帰国した年の十二月からは室内の人工壁でクライミングを再開した。翌年一月にはマウンテンバイクでロードをサイクリングしたり、車の運転も行なった。めざましい回復である。週に三回、夜間に隣の市の体育館にある人工壁にクライミングに行き、加えて週に四回はスポーツジムにも通った。二月下旬には北海道にスキーに行き、三月には湯河原・幕岩にクライミングに出かけた。さらに、二月中旬には白馬岳栂池方面に山スキーに出かけ、雪洞にも一泊している。ハイキングも再開した。その後は、残雪の前穂高岳北尾根、雪が消えてからは谷川岳一ノ倉沢南稜、夏には剱岳チンネを登った。バリエーションルートにも復活である。ほぼ、登山内容は以前の状態に戻っていた。かつてけいわん障害だったころ、積極的に運動を取り入れて病気を治したときと同様、広木は家に引きこもることなく、できる範囲で体を動かし続けた。

「好きなことをやるのが、精神的にもいいし、明るい気分になる」と本人は言う。

山歴だけを見れば完全に回復したようにも思えるが実はそうでもない。著者が広木に会ったのは二〇〇七年十二月だった。チョ・オユーの登山の翌年のことだ。数時間に及ぶ面会中、時どき言葉につまり、夫に助けを求める場面もあった。夫の国昭は「自分で思い出す努力をしたほうがよいと思っている」と手を貸さないときもあった。以前の広木を知っているわけではないので比べられないが、口調はゆっくりで、時どき間があるようにも感じた。


結局、広木の病態の原因をひとつに絞ることはできなかったが、繰り返し述べた高所登山中に存在するさまざまな危険因子が誘発され、脳静脈洞血栓症を起こし、出血性脳梗塞にいたったのではないかと考えられる。

登山者は、これらの危険因子を十分に認識し、少しでも危険因子を軽減できるように努めることが重要だ。高所登山を続ける限り、リスクをゼロにすることはできないが、軽減するように努めることは非常に大切である。また、脳梗塞の一般的な危険因子である動脈硬化、高血圧、糖尿病、高脂血症、喫煙については、日常生活に気を配り、同様に危険因子を減らしていくように努めるのは、登山者として必須のことだ。

また、言語障害、運動障害、記憶の喪失などの症状が出た場合、脳血栓や脳浮腫を疑い、すぐに酸素吸入をし標高を下げ、なるべく早く医療機関に搬送することが重要である。

心臓死・チョモランマ

六十一歳・女性

登頂までの足どり

よくばり完璧主義

広島県福山市にある脳神経センター大田記念病院は、大田祥子（六十三歳）と夫の大田浩右が設立した病院である。浩右は脳外科の専門医であり、祥子はこの病院で、糖尿病をはじめとする生活習慣病の治療に当たっていた。薬に頼らず、食事や運動、休養などの日常に注意を払い、生活療法をもって病気を治し、楽しく豊かな人生を送ろうというのは祥子の治療方針であり、そして祥子自身の人生の指針でもあった。

二〇〇四年五月二十日に、チョモランマ（サガルマータ／エベレスト・八八四八メートル）登頂後、下降中の第二ステップ下部で突然の死を遂げた大田祥子について話を聞くべく、福山市に向かった。そして、夫や息子たち、その家族、病院のスタッフ、山の仲間と面会した。誰に聞いても一致することは、大田は働き者であり、ひとときも休んでいる姿を見たことはなく、あちらにもこちらにも気を配り、誠実で優しく、そして自分には厳しく、誰からも信頼されていたということだ。それは帰京後に、チョモランマ登山をガイドした近藤謙司（四十三歳）や大田と同行した顧客のひとり高橋和夫（四十七歳）と話しても同様だった。その彼女の生活の充実ぶりを聞くと、いったい彼女の一日は本当に私たちと同じ二十四時間だったのだろうか、と疑いたくなるほどだ。

大田は完璧な妻であり、母であり、医師であり、そして職場のスタッフにとっては信頼し尊敬できる上司であり、山仲間にとっては一緒にいて心地よく信頼できるパートナーだった。

十分なトレーニングと日ごろの生活習慣で培った健康な体と強靭な体力、そして強い精神力をもった彼女が、まさかチョモランマに登頂後、死亡するとは信じられないことであった。いや、正確に言うと、それほどチョモランマという超高所での登山はストレスの大きなものであると再認識せざるを得ない出来事であった。

大田が海外の高峰に目を向けたのは、一九九七年にエベレストの絶好の展望台といわれているネパール・クーンブ地方のカラパタール（五五四五メートル）という峰に登るトレッキングに参加したころからだ。以降、天山トレッキング（四二〇〇メートル程度）、ゴーキョ・ピーク（五四八三メートル）へ出かけた。本格的な高峰登山となったのは、二〇〇〇年十二月のアフリカの最高峰であるキリマンジャロ（五八九五メートル）。その後、アイランド・ピーク（六一八三メートル）、ロブチェ・イースト（六一一九メートル）、チョ・オユー（八一八八メートル）、ナヤ・カンガ（五八四四メートル）、パルチャモ（六一八七メートル）、南極のヴィンソン・マシフ（四八九七メートル）と立て続けに登っている。

大田が本格的に登山を始めたのは四十歳のころ、一九八〇年代のことだ。それまでも、家族で山登りやスキーに行くことは多かった。当初から、彼女は山に強く、足が速かった。家族登山では、夫や三人の息子たちが音をあげることもあったぐらいだ。

大田は、おもにひとりで山に登っていた。金曜日から日曜日までの三日間を使って山に入ることが多かった。木曜日の夜、夜行列車で福山を発ち、翌日早朝には登山口に着いているという計画だ。山小屋を利用するため、テント山行ほど荷物が多いわけではないが、それにしても大田の足は速い。単独行が多かった理由は、仕事次第で予定を組んでいたために、なかなか他人と予定を合わせづらかったという点もある。しかし、夫の浩右はそれ以上の理由として、「彼女の足の速さでは、ペースが合う人も少ないでしょう」と述べている。

週末の山行ではないが、大田は南アルプスの縦走をわずか六日間でやり遂げた。畑薙《はたなぎ》第一ダムから聖《ひじり》岳に入山し、北岳まで北上。その後両俣に下って仙丈ヶ岳へ。北沢峠を経て甲斐駒ヶ岳の山頂を踏み、黒戸尾根を下山した。宿泊先の山小屋の主人に「スーパー・ウーマンだね」と言われた。

岩登りは、山岳ガイドの指導のもと何度も穂高岳の岩場に通っていた。雪山を本格的に始めるようになったのは、のちに日本山岳会広島支部のメンバーと海外の山に登りにいくようになってからだ。広島支部や地元の山岳会の仲間たちの指導があったようだ。

そして、大田は必ず日曜日の夕刻には帰宅していた。毎週日曜日は、夫と大田、三人の息子とその妻、子どもたちが大田の家で一堂に会して夕食をともにすることに決まっていた。その席に、大田は間に合うように飛んで帰ってきた。

大田は本格的登山を始める少し前、四十歳になったのを機に、ジョギングも始めていた。身長百五十七センチ、体重は四十九キロ。この引き締まった体型は若いときから、六十歳を超えるまでずっと変わることはなかった。山を登るにも、また長距離を走るのにも向いた身軽な体型だった。

走るのが好きといっても、それはランニング愛好家の域を超えたものだった。のちにチョモランマを含めた三つの高峰登山をともにした高橋は、大田に初めて会ったとき、大阪国際女子マラソンを二回完走したと聞き、「この人はただものではない」と思った。高橋もまた、ホノルルマラソンの四十から四十四歳の部で三位の記録を持つ、フルマラソンで三時間を切る驚異的なサブ・スリーの市民ランナーだったのだ。その高橋をして大田はただものではないと思わせたのは、大阪国際女子マラソンには、ほかの国内の女子マラソンのいずれよりも厳しい出場基準があったからだ。オリンピック出場選手を決める大会にもなる大阪国際女子マラソンは、大会日の二年以内に三時間十五分以内の記録を持っていなければならなかった。大田はこれをクリアして出場していたのだ。

一九八五年のその日は、長男の泰正の共通一次試験だった。弁当を作って持たせたあと、新幹線に乗り大阪へ向かった。四十歳以上であったため、体重や血圧だけでなく血液検査、心電図の検査なども受けた。そして、ほかの選手が翌日の本番に備えて大阪にとどまるなか、福山の自宅にとんぼ返り。翌日も共通一次試験が続いた泰正に、弁当を持たせて見送ってから、新幹線に乗り込んだ。

大田はいつもこうである。家事や育児、家族の世話、自分の仕事など日常のことをきっちりと終えたあと、ひとりで現場（マラソンの会場であったり、登るべき山であったり）へ向かう。そしていとも身軽に走り、山を登ってしまうのだ。大田は大阪国際女子マラソンを三時間二十三分で完走し、百三十三位だった。そして、翌年も完走した。

大田のトレーニングは、登山にシフトしてから内容が変わった。朝四時半に起きて、五時に家を出るところまでは以前と同じ。行く先はロードを走るのではなく、近所にある妙見神社の小高い丘になった。自宅を出てほどなく山仲間の池田敏美と合流し、五百段ある石段を駆け上がる。そして、また石段を駆け下り、自宅まで走る。雨の日も雪の日も続けた。

患者への指導や数かずの講演会で、大田はいつも、禁煙、食事、運動、休養の四要素を本人がコントロールすることが大切であると話している。

　自分を摂生していたのは、トレーニングに関してだけではない。タバコを吸わないのはもちろんのこと、食事についても非常に気を配る人だった。「自分の畑を持っていて、そこで野菜を作っていた」と聞いていたが、その規模を知って驚いた。市内にあるその畑は農園といってもよい広さである。そこで大田は、たくさんの種類の野菜と米を作っていた。無農薬で作った野菜や米は、自分たち夫婦が食べるほか、三人の息子の家庭や職場のスタッフにも配っていた。息子たちは、「小さいころからハンバーガー（ファスト・フード）は食べさせてもらえなかった」「市販の練りものには何が入っているかわからないからと、いつも手作りだった」と言う。

チョモランマへ

　大田が世界最高峰のエベレスト（チョモランマ）を登りたいと思ったきっかけが、いつだったのかはわからない。一九九七年のカラパタールで、大田は大きく迫るように聳え立つエベレストを眺めている。ひょっとしたら、このときから世界最高峰への憧れがあったのかもしれない。当時のことを、「せっかく、参加するのである

ロンブク寺から見たチョモランマ。頂上から左に延びる稜線が北東稜

からみんなより一パーセントだけ多くのものを見たり、経験して帰ろうと思った」と書いている。その一パーセントが、のちに大きく花開いていったのだろうか。

アイランド・ピークからは、日本山岳会広島支部の山行に参加するようになった。当時一緒に登っていた平田恒雄も大田の山での強さを証言する。とくに大田は高所に強く、体力があり、足が速かった。最初は列の後ろのほうを歩いているのだけれど、いつの間にか先頭に立ち、しまいにはポーターとふたりで先に行ってしまう。

ピッケルやアイゼンの使い方、ダブルアックスなどの雪上技術については、ほかのメンバーよりも経験が少なかったけれど、それも国内での準備山行や現場でのトレーニングでどんどん身につけていく積極性があったと、平田は言う。

八〇〇〇メートル峰について具体的に考えるようになったのは、山岳ガイドの近藤謙司との出会いがきっかけといえるだろう。近藤は東京・飯田橋にあるアドベンチャーガイズという山岳ガイドの会社を経営している。

二〇〇二年の夏、富士山で大田は近藤と出会った。モン・ブラン登山のための高所順応トレーニングであったこのツアーは、アドベンチャーガイズ以外の会社が主催したものであったが、ヨーロッパ・アルプスのガイド経験が豊富な近藤は、この講習に山岳ガイドとして招かれていた。近藤はこのときの大田についてあまり印象に残っていないというが、大田は近藤の話すチョ・オユーに興味を持ったようだ。その秋のチョ・オユー登山（アドベンチャーガイズ主催の商業公募隊）に参加を決めた。以前からチョモランマへの憧れをほのめかしていた大田は、八八四八メートルの世界最高峰に登るには、まずは八〇〇〇メートル前半の登山を経験しようと考えたのかもしれない。近藤もチョモランマ登山に参加するには、八〇〇〇メートル峰登山の経験を重視している。

二〇〇二年九月三十日、大田はアドベンチャーガイズ隊の第一次アタックメンバーとして、チョ・オユー（八一八八メートル）に登頂した。彼女たちの隊はそのシーズンのファースト・アッセントとなった。そのためシェルパが深い雪のラッセルとルート工作を進めながら、そのあとを隊員が追っていくということになり、通常最終キャンプに使う第三キャンプ（七六〇〇メートル）ではなく、その下の第二キャンプ（七二〇〇メートル）から直接山頂に向かうことになった。頂上までの標高差は一〇〇〇メートル。決して短くない行程だ。しかし、大田を含むメンバーは足並みもそろっていて、無事登頂、下山した。

さらに、大田はこのとき頂上直下のロックバンドで右肩を脱臼するというアクシデントに見舞われていた。大田の肩は脱臼癖があった。下りでは、ガイドの近藤に終始タイトロープで確保されながらの下山となったが、彼女は泣き言ひとつこぼさず、第二キャンプまで下りてきた。そこで顧客のひとり高橋が整復を試みた。指圧師、鍼灸師である高橋は、脱臼の整復方法については独自に勉強していた。現場でも手当てはしたものの、高所用の厚手の羽毛服を着ていたため、正確な整復をほどこすことができなかった。肩の脱臼がどれほどの痛みがあるのか、それをおして登頂し、平常心で下山したというのだから、大田の精神力には驚かされる。

チョ・オユーから約二年後の正月、大田は近藤が率いる隊に参加し、南極のヴィンソン・マシフに向かった。その後、チョモランマまで高橋も一緒だ。

ヴィンソン・マシフの標高は四八九七メートルである。標高はそれほど高くないものの、強い風と低温に悩まされる登山となった。登頂日にはメンバーのひとりが靴ずれになったこともあり、山頂まで九時間を要した。大田にとっては体力的に余裕があったとしても、長時間低温下で行動したことは大きな疲労となった。

最終キャンプであった第三キャンプに戻ったとき、大田は凍傷になった。白湯を飲む際、右手のインナー手袋が少しだけ湯で濡れたのを、しばらくそのままにしておいたら、気づいた時には手袋の先が凍っていた。すぐに手袋を交換したけれども、右手の中指と薬指が凍傷になった。帰国後、自身の病院で治療をした。

大田は「もう二度とこのような過酷な登山はしないだろうと思った」と記録している。彼女には珍しく「疲れた」というようなことを家族にもらしていた。

しかし、目指すチョモランマに向けて、気持ちを切り替えたようでもあった。自宅に戻ったのは二〇〇四年一月二十五日。チョモランマへの出発は四月上旬。約二カ月後だ。

南極から帰国したあと、大田はすぐにふだんと変わらない生活に戻った。どんなに長く大変な登山であっても、彼女は福山の自宅に帰ったそのときから日常生活を再開する。

しかし、今回ばかりは夫の浩右には心配事があった。長年一緒に暮らし、誰よりも大田を知っている浩右は、大田が慢性的に疲れているのが手に取るようにわかった。先を急ぎすぎているようにも感じた。今回のチョモランマは中止したほうがよいと、浩右は心底思い、参加を反対し続けた。疲れがとれないなかで、登りたいという気持ちだけで山に向かっても、判断を誤ったり体調を崩したりよからぬことが起こると思ったからだ。

　チョモランマへの出発は四月十三日と決まったが、次男の祐介が市議会議員に初出馬し、その選挙が出発二日前の十一日であった。チョモランマへ向けて大田は、準備と仕事に忙しかったが、裕介の応援にも骨を折っていた。無事、祐介が当選し、十三日の出発を迎えた。

　いつも見送らない夫も、このときは息子の家族たちと一緒に福山駅まで大田を見送った。あとになって浩右は「これが最後かもしれないという気持ちで見送った」という。大田の体が小さくなってしまったように感じていた。

　翌日、成田空港から日本を出国し、バンコクを経由して翌々日にネパールの首都、カトマンズに到着した。近藤が利用している現地のガイド会社はネパールにあり、そこに所属するシェルパたちは高所登山になくてはならない存在である。彼らと一緒に装備の最終チェックと打ち合わせをすませ、空路で中国・チベット自治区のラサに飛んだ。カトマンズで大田は、下痢になったというが、それ以外の体調は順調だった。標高三八〇〇メートル、富士山頂より高いラサには三日滞在し、ポタラ宮などの観光や周辺の丘（四〇〇〇メートル程度）に登り、高所順応を行なった。すでに一月にヴィンソン・マシフに登頂している大田にとっては、四〇〇〇メートル後半の高所順応はできている。

ラサからチョモランマ・ベースキャンプまでの道のりは、車で二〜三日程度だ。近藤隊は途中シガール（四三〇〇メートル）で三泊することにした。休養と高所順応のためである。シガール寺を歩いたり、寺の裏山にあるデンクリ城遺跡（五三七三メートル）まで登った。

シガールからチョモランマ・ベースキャンプまでは一日で到着する。四月二十四日、日本を出発してから十一日目のことだった。以後、ここ五二四五メートルのベースキャンプが、大田たちの登山の基地となる。休養日をはさみながら、徐々に体を高所に慣らしていく。ABC（アドバンスト・ベースキャンプ、六四七〇メートル）との間にあるデポキャンプ（五八〇〇メートル）に荷上げをしたり、ベースキャンプ周辺の丘を登った。

五月五日、ベースキャンプ到着から約十日後に、大田たちはABCに入った。ここが北稜から山頂を目指す前進基地となる。最終的にノース・コルの取付である六七〇〇メートル地点まで無酸素で体を慣らしたのち、休養のためにベースキャンプに下山した。

下山後は、ティンリという四二〇〇メートルの村まで車で標高を下げる。ティンリにはホテルもあり、温かいシャワーを浴びることもできる。心身ともにゆっくり休養し、ふたたびベースキャンプに戻ってきた。

いよいよ、登頂アタックの準備が整った。あとは天候次第である。山頂付近の強い風さえ収まれば、登頂のチャンスがやってくる。五月十四日、ベースキャンプを出発した。山岳ガイドの近藤謙司（四十三歳）、顧客は大田祥子（六十三歳）と高橋和夫（四十七歳）、石井伸一（六十歳）の四人。ほかにクライミング・シェルパが四人。ABC以上のハイキャンプでは、それぞれの隊員にマンツーマンでつく。

十七日に第一キャンプ（七〇六六メートル）。ここから睡眠時に酸素ボンベを使用する。テント内では酸素マスクをあてがわなくても体調はよかったけれど、積極的に利用し、疲労をためないようにする作戦であった。睡眠中に使用する酸素ボンベには分配器を使い、一本からふたりの隊員にあてられ、一分あたり〇・五リット

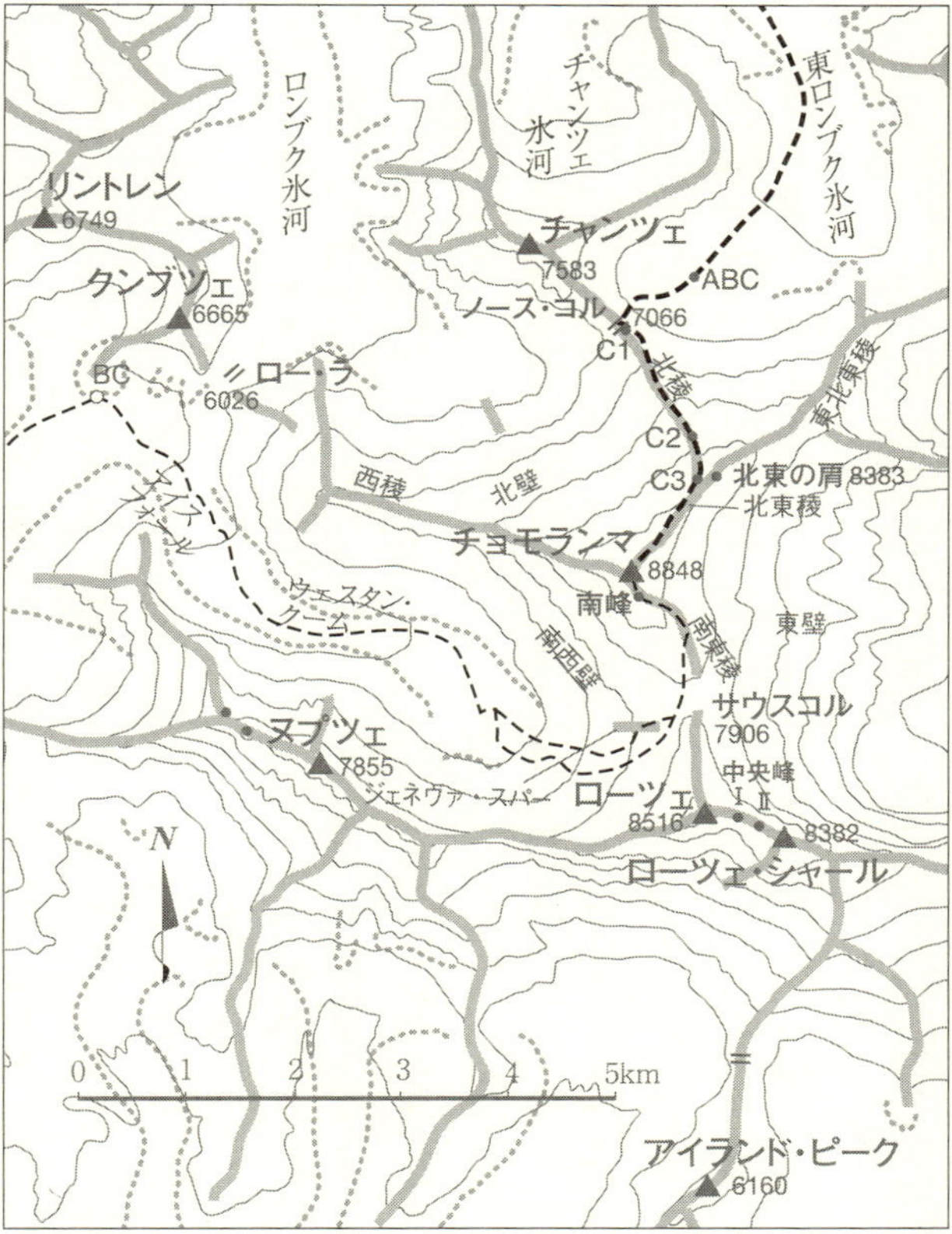

ロンブク氷河
チャンツェ氷河
東ロンブク氷河
リントレン
6749
チャンツェ
7583
クンブツェ
6665
ABC
ノース・コル
7066
C1
北稜
BC
ロー・ラ
6026
東北東稜
C2
C3
北東の肩 8383
西稜
北壁
北東稜
チョモランマ
8848
アイスフォール
南峰
ウェスタン・クーム
南西壁
南東稜
東壁
サウスコル
7906
ヌプツェ
7855
中央峰
I II
ジェネヴァ・スパー
ローツェ
8516
8382
ローツェ・シャール
N
0 1 2 3 4 5km
アイランド・ピーク
6160

ルずつ流していく。平均的な量である。大田は石井とふたりでひとつのテントに入っていた。食欲も旺盛、ぐっすり眠ることができ、いつもと変わりがなかった。

大田の登高ペースは、平均的なものであった。ABC以下では大田はいつもハイペースだった。これはチョ・オユーやほかの山でも同様であったが、いつも誰よりも快調に歩いていた。それだけ高所に順応する能力が高く、体力もあったのだろう。しかし、ハイキャンプになると慎重になるようで、体力不足や疲労を感じなくてもペースダウンしていたようだ。高度に体を慣らしていく観点からみれば賢明な方法である。

十八日は第二キャンプ（七七〇〇メートル）に向けて出発。この日から行動中も酸素ボンベを使用する。毎分一リットル程度を流す。当時の記録には、「ケンケンチーム（近藤隊の呼び名）、九時十二分に（第一キャンプを）出発して、ぶっちぎりの速さで第二キャンプに十四時二十分到着！」と書いている。ほかの隊を引き離す大田の健脚ぶりには近藤たちもたじたじだったそうだ。

テントパートナーは前日と同じく石井。異性のパートナーであるがストレスを感じている様子もなく、大田は緊張気味のほかのメンバーの心を和らげるような存在だった。

翌十九日、この日から行動中の酸素の流量を毎分二リットルに増やしている。最終キャンプである第三キャンプ（八二二〇メートル）に入った。二年前に大田が登頂したチョ・オユーの山頂と同じぐらいの高さになった。大田はこのとき、あの大きく広いチョ・オユーの頂からはっきりと望めたチョモランマの山容を思い出していただろうか。明日はその世界最高峰の山頂を極めるのである。

高所登山の世界には、「超高所」という言葉がある。およそ八五〇〇メートル以上を指す。世界に十四座ある八〇〇〇メートル峰のうち、八五〇〇メートルを超えるのは、チョモランマとK２（八六一一メートル）、カンチェンジュンガ（八五八六メートル）、ローツェ（八五一六メートル）の四座であり、超高所はデスゾーンと呼ばれる特別な世界である。チョモランマについていうと、「まるでチョ・オユーのその上にもうひと山あるほどのものだ」というのが、チョ・オユーとチョモランマの両方を登頂した人がよく言うせりふだ。

この先が正念場であり、苦しい思いをするのは、大田に限ったことではなく、無事登頂し生還したものも同様であった。

偶然にもこの日、三男の慎三に男の子が誕生した。大田にとっては四人目の孫である。大田がこのうれしいニュースを知るのは、翌日、チョモランマを登っている最中のことである。

五月二十日、登頂の日

日付が二十日に変わった直後、夜中の零時四十五分に大田は第三キャンプを出発した。前日第三キャンプに到着したのが夕刻なので、それからわずかな時間しかたっていない。その間に大田は食事をとり、睡眠をとっていた。このように最終キャンプに短時間しか滞在しないのは、チョモランマのような高峰を登るには通常のことである。多くの人が最終キャンプでは酸素不足によって寝苦しく感じ、また横になって寝ると呼吸が浅くなり体内に取り込める酸素の量も減ってくるので、半身を起こした状態で寝る人も多い。

すぐ隣のテントには、近藤と高橋が宿泊していた。近藤の話によると、大田はこの日も食欲があり、水分もしっかりとっていたという。高所では、汗や呼気で水分は失われていくけれども、それに相応する十分な水を作り出すことはできない。しかし、脱水は致命的だ。できる限り水分をとるように心がけたい。医師である大田もそのことは十分にわかっていたし、過去の高所登山の経験からいっても、できるだけ水分を補給しようと心がけていた。

大田は当日のメンバーのなかで誰よりも早くキャンプを後にした。これもいつも通りのことである。大田は登頂日に限らず、集合時間に遅れることはこれまでに一度もなかった。

大田が出発した時点で、すでにほかの隊（外国隊）のメンバーが数人先行していたが、すぐにその数人のグループに追いつき、追い越しながら順調に登っていった。登攀中は終始先頭グループについて行動していたようだ。大田のかたわらには常にシェルパがひとりついている。

次に石井が出発した。のちに石井は第二ステップを越えたところの緩やかな稜線でペースが上がらず、第二キャンプの大蔵喜福から下降するよう指示があった。大蔵は二次隊を率いていた。石井はシェルパとふたりで第三キャンプまで下りた。結果、この日に頂上に向かったのは近藤と大田、高橋、加えてシェルパが三人だった。

近藤と高橋が出発したのは石井の出発したあとのことだった。近藤はほかの隊のメンバーを追い越しながら歩を進めた。ほとんど固定ロープは使わず、かなりのスピードで登っていったが、大田に追いつくまでに二時間がかかった。第一ステップ付近でのことだ。その後、第二ステップ付近で、高橋と彼についているシェルパが、近藤と大田たちに追いついた。

それまで毎分二リットル吸っていた酸素を、毎分三リットルにした。酸素の管理は、近藤以外にシェルパも行なう。アドベンチャーガイズ隊で雇用しているシェルパは、近藤が山岳ガイドの仕事を始める以前にヒマラヤを登っていたときからの知り合いやその息子たちであり、チョ・オユーも一緒に登頂した顔ぶれだ。チョモランマへも複数回登頂しており、また酸素ボンベの管理や顧客への気配り、安全確保などの面においても経験があり優秀だった。

登頂日の酸素ボンベについては、最終キャンプである第三キャンプから頂上までの往復時間を十四時間、最長でも十九時間と見積もり、毎分平均して三リットル使用する計算で用意してあった。合計三本である。一本目はスタートから第二ステップ通過後の休憩ポイントまで。二本目は登頂し第二ステップ下の平らなポイントに下るまで。三本目は第三キャンプもしくは第二キャンプまで。いずれも、難関とされている第二ステップの通過時には、酸素ボンベが軽い状態になっている。休憩や待ち時間は二リットル以下に流量を落とし、下山も二リットルとする（第二ステップでは三リットル）ので、三本で十分な計算だ。使用中の一本は本人が背負い、ほかの二本はシェルパが背負った。

酸素ボンベやボンベに接続されているレギュレーターやマスクに異常がないかどうか、常に自分自身と本人のすぐ近くにいるシェルパが確認するようにしている。ガイドの近藤が顧客の近くにいる時は近藤も確認をし、三重のチェックが入るようにしていた。故障がなく酸素が流れているかどうかは本人がインジケーターで確認でき、シェルパやガイドなどの第三者は圧力計に示される数値の推移を見て確認できた。この日も全員の酸素ボンベは終始正常な状態であった。

アドベンチャーガイズには、酸素ボンベ取り扱いのマニュアルがあるが、当人の行動の様子を見ながら、近藤が酸素の流量を変えることもあった。大田の場合、待ち時間には自分で二リットルに下げていた。ほか、休憩時には近藤が二リットルに下げ、第二ステップを登攀するときは四リットルに上げた。

近藤が大田と合流してまもなく、休憩を取った。大田の持っていた水がすでに凍りかかっていたので、近藤は自分の水筒から水を渡した。

近藤は「お孫さんが産まれましたよ」と大田に告げた。大田は「ああ、そうですか」と笑みを浮かべながら、短く返事をした。近藤は第三キャンプを出発する前に、衛星電話を使い日本に連絡を取った際に大田の孫の出産の連絡を受けていた。

第二ステップではどの登山者も通過に時間を要する。先行しているグループも時間がかかっていたために、基部で少し待たされることになった。しかし、大田はイライラする様子もなく、この時間を休憩ととらえていたと近藤は感じていた。大田自身は、スムーズに第二ステップを通過した。

七時十五分、第二ステップを登り切る。そのときも近藤たちは、山頂へ向かう集団のほぼ先頭に位置していた。快調なペースである。その後、二本目の酸素ボンベに交換した。最後に使用する予定の三本目の酸素ボンベは、その場にデポした。この新しい二本目の酸素ボンベを使用して、第二ステップ上部から山頂を往復する計画である。酸素ボンベを交換し、水分補給をして休んだあと、八時に出発した。

八七五〇メートル付近で大田のペースが落ち始めた。いやらしい岩場を登り切って、頂稜に出たところだ。近藤が「大丈夫ですか」と声をかけると、「少し休ませてください」と大田は答えた。大田から休みを求めるのは珍しいことだった。その場で少し休んだ。「あと少しですよ。がんばれますか」と近藤が問いかけると、大田は「はい、行きます」としっかりと答えた。この最後の休憩地点から山頂までは、およそ十五分だった。

遭難の状況

第二ステップ

山頂に到着したのは、十時四十七分。ここに山頂での三人の写真がある。左が大田、中央でマスクを外しているのがガイドの近藤、右は高橋である。三人とも高所の影響で顔がむくんでいる。上部の風は強く、止むことがなかった。山頂がゴールではなく、今日中に彼らは確実に安全圏まで下降しなければならない。第三キャンプまで下降する予定だった。長居は無用と、記念撮影を終えてすぐに下山を開始した。頂上に滞在したのはわずか十五分程度だった。下降時の酸素流量は、毎分二リットルだった。

大田の歩みはゆっくりではあったが確実で、ロープワークなどすべてのことを自分自身で、間違いなく行なっていた。

第二ステップの上部に到着したのが午後三時。そこから、約五メートルの岩場を懸垂下降で下ることになる。近藤、高橋、大田の順で下降を始めた。三人のシェルパは、高橋の前と大田の前後に位置した。

高橋は、第二ステップの基部まで下り立ち、下降器からロープを外し、固定ロープにカラビナをセットして、トラバースを開始した。第二ステップの先（下方）は、トラバース気味に緩やかに下っていく。右手が山側、左手は谷側になる。足元には、厄介なことに古い固定ロープが散乱していた。固定ロープに足を引っかけないようにしなければならないことは、高橋も重々わかっていたが、アイゼンが引っかかり転倒してしまった。高橋の体は谷側へ仰向けに投げ出された状態になった。固定ロープにカラビナがセットされているので滑落することはないが、高橋は仰向けになった状態から起き上がるのにとても苦労した。平地であれば難なく起き上がれる

チョモランマ山頂での大田、近藤、高橋（左から）

ことであろうが、酸素が薄い八五〇〇メートル地点でそれを行なうのは、とてつもなく難しいことだった。腹筋を使い、やっとの思いで高橋は起き上がり、体勢を整えてルートに戻った。息が上がっていて、それを整えるのに精一杯だった。

それからすぐ、何気なく振り返った高橋の視界に、大田が自分と同じように転倒する姿が目に入った。

大田もほかの人同様に、第二ステップを懸垂下降し、基部に下り立った。第二ステップの上部では、シェルパがメインロープを使って大田を確保していた。大田は下降器をロープから外してハーネスに戻した。先行していた近藤は、掛け替えるべきロープの色を指示した。残置された固定ロープは多数あるけれど、いちばん確実なロープにセットしなければならない。大田はうなずいて、カラビナをトラバース用の固定ロープにつけた。ここまでのロープワークは確実だ。

近藤は酸素マスクをずらして（彼は隊員に指示を出すとき、必ずマスクをずらす）、「アイゼンでロープを踏まないように気をつけて」と何度も声をかけた。大田はうんうんとうなずいていた。アイゼンでロープを踏まないというのは登山の鉄則である。それは、ロープを傷つけるからでもあるが、ここでは違う意味が大きい。足元に散乱するロープをアイゼンをつけた靴で踏んでしまうと、アイゼンにロープが絡まって転倒する恐れがあるからだ。まさに、先ほど高橋が転倒した原因である。

そしてトラバースに移行した。その第一歩で大田は古いロープを踏んでしまった。そのとき、大田はアイゼンで踏んだロープの束を手で握って外そうとした。そしてバランスを崩し、転倒した。ロープに絡んだ片足が上になり、高橋と同じように頭部が谷を向くような格好で仰向けになった。頭部はちょうど時計の文字盤の四時と五時の間くらい下を向いていた。斜面は三十度ぐらい。固定ロープにセットされたカラビナと、上部でシェルパが確保していたメインロープで止まっている状態だ。

高橋は、大田が転倒するさまをフラッシュバックのように思い出す。自分の転倒から回復して息を荒げていた状態だったが、大田が転倒するのを見て高橋はとっさに手を差しのべた。大田もそれに呼応するかのように高橋に向かって手を差し出した。高橋の記憶では、その指と指が触れ合った感触があったという。手を差しのべるときに体を動かしたとしても、高橋と大田の距離は二〜三メートルだろう。

大田はなんとか起き上がろうとじたばたと体を動かしていた。その様子を高橋は、確実に自分の意志をもって起き上がろうとしている動きだったと記憶している。つまり、大田は気を失って転倒したのではなく、足元のミスによって転倒し、自ら起き上がろうともがいたのだ。

時を同じくして、近藤は、大田に向かって「祥子先生、大丈夫ですか」と叫びながら近寄った。近藤、高橋、大田の距離はそれぞれ二〜五メートルほどだった。上部にいたシェルパも第二ステップの下降を終えて、現場にたどり着いた。ほかのふたりのシェルパも大田に歩み寄った。

近藤は、もうひとりの顧客である高橋に向かって、「いまより安全なところへ、ひとつ先のアンカーに移動してくれ」と言い残した。安全なところなどない超高所であるが、固定ロープのアンカー位置まで移動し、そこで確実にセルフビレイを取って待っていてくれ、という意味だ。高橋は「いったい何が起こったのか、祥子先生は大丈夫なのか、この先どうなってしまうのか」不安でたまらなかった。緊張し体が硬直しながら、次のアンカーまで進んだ。

近藤は、シェルパにも叫んだ。「マウス・トゥ・マウスだ」その言葉を高橋も、アンカー位置まで移動しながら背後で聞いている。近藤は「祥子先生、返事してく

第二ステップ下の遭難現場。岩の基部あたりで大田は転倒した

れ」と呼びかけながら近づいていった。

大田がもがいていた時間は高橋の記憶だと一分程度であるが、近藤が大田のところに着いたときには、すでに動きはなかった。近藤と大田の距離は十メートル以下だった。途中高橋の安全を確認し、彼に指示を出し、所要時間は一分程度だろうか。近藤は自分がどうやってそこまでたどり着いたか覚えていないほど必死だった。固定ロープにビレイを取らずに歩み寄ったかもしれない。近藤の所要時間と大田に意識があった時間とがおよそ等しくなる。近藤本人の意識のなかではほんの数秒ほどで駆け寄ったぐらいの気持ちである。しかし、そこが超高所だったこと、高橋とのやり取りがあったこと、そしてすでに近藤は酸素マスクをはずして叫んでいること（酸素を吸っていないこと）を考えると、最低でも三十秒はかかったのではないかと思う。

はっきりしたことはわからないが、転倒後、大田に意識があったのは三十秒から一分程度なのではないだろうか。

大田のもとに駆け寄ったシェルパたちと近藤の四人がかりで、大田の頭を支え、体勢をたて直し、固定ロープの位置まで移動させることができた。すぐに近藤は、呼びかけたり、頬をたたいたり、軽く体を揺すったが、反応はない。シェルパが頭部を支えている状態であったが、ぐらぐらとしていたわけではなかった。近藤は外傷や出血がないか確認したけれど、見当たらなかった。酸素ボンベの流量計を確認したが、ちゃんと流れている。

近藤は、大田の酸素マスクを取り、自分の頬を大田の顔に寄せたけれど、呼吸が感じられなかった。すぐに、近藤は自分の酸素マスクを外し、大田の鼻をつまんでマウス・トゥ・マウスで人工呼吸を始めた。胸の動きを確認しながら数回吹き込むが、反応はない。

八五〇〇メートルの高所で人工呼吸をするというのは、近藤自身の生命を奪うことになりかねない行為である。近藤はときおり自分の酸素を吸いながら人工呼吸を続けた。シェルパは大田の手袋を取り、手首の脈拍を確認するが、拍動は触れなかった。

大田が転倒したのが午後三時三十分。それから十五分後の三時四十五分に、近藤は、同行の高橋、それからシェルパたちとともに、大田の死亡を確認した。これ以上の処置をすることを諦め、大田を残して下降する決断をした。おそらく、これ以上近藤たちがそこにとどまっていては、彼らの命とて危ない状況だっただろう。

現場を通りかかる別の隊のシェルパたちには、「何をやっているんだ」「早く下りろ」「お前たちこそ、死んじまうぞ」と言われた。それで、近藤はわれに返ったのだ。近藤には高橋を生きて還らせる責任もあった。

〝バラサーブ〟という言葉がある。シェルパが雇い主を呼ぶときの名前だ。近藤が雇ったシェルパたちは、バラサーブである近藤が決死の救助をしているなか、「もうダメだ」「あきらめるしかない」とは言えなかったのだろう。ほかの隊のシェルパに言われて、近藤は気づいたのだ。

彼らが下降を始めたのは午後四時。下降はまだまだ長く、厳しい。そしてそこは、決して人間が生きながらえることのできない、滞在するだけで死に向かうデスゾーンであった。


標高八二二〇メートルの第三キャンプに転がり込むように帰還したのは、午後九時過ぎのことだった。超高所で二十時間以上行動したとは、おそろしい。足が早く、人並み以上の体力と精神力を持ち合わせた近藤と高橋だったから生還できたのかもしれない。

翌日、数人のシェルパが第二ステップ基部の大田のもとに再度登った。そして、メガネと時計、ピッケルなど身につけていたものと頭髪を持ち帰り、大田を葬った。近藤と高橋、そして第三キャンプで合流した石井は、第二次隊を率いる予定であった大蔵の待つ第一キャンプまで下降した。ようやく安全圏である。当時の映像が残っているが、近藤と高橋は口をきけないほど疲労しきっていた。

遭難の分析

心臓死の可能性

大田は、古い固定ロープにアイゼンを引っ掛けて転倒した。固定ロープとシェルパによる二重の確保がされていたため、転落することはなかったが、ロープにぶら下がった状態になった。なんとか起き上がろうと試みたものの、もがくことになり、そして約一分経ったのち息絶えた。

上小牧憲寛医師（循環器、秋田労災病院）は、「第二ステップのような高所で、頭部が下になってしまうこと自体に命の危険がある」という。それは自分自身の経験に基づき実感していることでもあった。上小牧医師は、二〇〇五年に、大田と同じ北稜からチョモランマに登頂している。第二ステップを登っているとき、ほんの一歩だけであるが難しい箇所があり、どうしても体を持ち上げることができなくなった。固定ロープにぶら下がった状態になってしまった。頭部が下を向いたわけではなく、通常に登っている状態と同じであったけれど、それでも八五〇〇メートルの超高所で這い上がるというのは、とてつもなく苦しいことであった。「もう、私は死んでしまうのかもしれない」と思うほど、息も絶え絶えになった。

つまり上小牧医師は、超高所のような極低酸素環境では、行なえる運動の強度に限りがあるという。それを超えると酸素欠乏になる。大田の場合、ひっくり返って起き上がろうともがき、酸素欠乏になったのではないか。そうなると、すぐに酸素流量を増やすことはできない。肺のなかの酸素濃度が低い場合、酸素消費量が限界を超えて増加すればたちまち酸素欠乏に陥り、窒息と同様の死に方をしてもおかしくない、と上小牧医師は考える。

ほかに増山茂医師（呼吸器、了徳寺大学）と橋本しをり医師（神経内科、東京女子医科大学）にも話を聞いた。ふたりも高所登山の経験がある。

大田は出発前に、自身の病院でＭＲＩとＭＲＡ（磁気共鳴血管画像）を撮影している。検査結果に異常がなかったということは、動脈瘤がなかったはずなので、くも膜下出血の可能性は否定できる。

大田は身長百五十七センチ、体重四十九キロ。日ごろから運動をする習慣があり、筋肉のある引き締まった体つきだった。高血圧は動脈瘤の危険因子となるが、高血圧、高脂血症、高血糖のいずれでもなかった。また、大田の家系には、高血圧や高脂血症、高血糖が危険因子となる虚血性心疾患や狭心症の病歴をもった人もいない。大田の父は九十三歳で死亡しており、母は九十六歳の今も認知症などの障害もなく元気に暮らしている。大田の祖母は九十五歳で天寿を迎え、長寿の家系といえる。

大田についてここで示す見解は、どれひとつとして断言できるものはない。大田の遺体はいまもチョモランマの高い頂に眠っており、医師が検死や解剖をしたわけではないからだ。

脳幹が圧迫されることによる呼吸停止について、脳の専門家である橋本医師は、否定できない考え方であるとしながらも、その可能性は極めて低いと考えている。

脳幹とは脳と脊髄の間を取りもっているものであり、血圧の制御、呼吸の制御、循環器（心臓）の制御、内臓の制御、体温調整など人間の生命に直接関わる重要な神経が集まっている。そのため、脳浮腫により脳幹が圧迫されたり、脳幹に出血があると直接的に生死に関わってくることがある。

脳幹に異常をきたした場合、突然死の可能性もあるが、致死的な脳浮腫、脳出血が起こる可能性は低いと橋本医師は言う。考えられるのは心臓死である。

では、いったいなぜ、大田がこのときにどのような原因で心臓死したのだろうか。


大田の行動を振り返ってみる。

大田にはチョ・オユーなどの高所登山の経験があった。これは、高所における自分の体調の変化や高所でどのように振る舞ったらよいか知る貴重な経験になっていたはずだ。チョモランマに出発する二カ月前に、ヴィンソン・マシフに登頂している。この疲れを引きずっていないかと心配する向きもあるが、大田は手の指の凍傷を含めて、回復していたと自覚していたようだ。

チョ・オユー以前にヒマラヤで大田と一緒に登った平田恒雄は、連続して行なう高所登山の疲労について指摘する。

それは自身の経験によるものだった。平田は、一九九八年にガッシャブルムII峰（八〇三四メートル）に挑み、天候を理由に七八〇〇メートル地点で撤退した。翌九九年には、ナンガ・パルバット（八一二五メートル）に向かった。六五〇〇メートル地点までしか到達していないが、高所登山で削げ落ちた筋力は、帰国後もなかなか戻らなかった。平田と大田の登山は少々内容が違うものであり、平田の場合、自分たちで荷上げやルート工作を繰り返す。とくにナンガ・パルバットの場合はルートも難しいため、高所に滞在する日数は大田よりも長く、また、高所で激しい運動をしているため消耗も大きい。その後、二〇〇〇年に、平田はチョ・オユー（八一八八メートル）に登頂した。このときは体重が十キロ減り、体調や体力を以前の状態に回復させるのに三カ月かかったという。

この話を聞くと、大田の登山もハイペースだっただけに、疲労が蓄積されていなかったのか心配になるが、年齢こそ違え、大田と一緒に、ヴィンソン・マシフからチョモランマに継続した高橋によると、自分自身も、また大田もヴィンソン・マシフの疲労からは回復していたと感じている。平田の場合は八〇〇〇メートル峰の登攀なので、比べようはないかもしれない。

夫の浩右はヴィンソン・マシフからの一連のスケジュールは大田の年齢では無理があり、無茶なことであり、そこに死因があると考えている。しかし、ヴィンソン・マシフに登山することで、四〇〇〇メートル後半の高所順応が確実にできていたことはメリットであるとも考えられる。高所登山は、高所という過酷な環境に体をさらし、慣らしていくという側面があるからだ。


大田は、ベースキャンプ入りしてからも順調だった。毎朝、起きがけに体温と体内の動脈血酸素飽和度（SPO_2）を測定し、記録している。これらは、パルスオキシメータという手のひらに載るほどの小さな測定器で測定される。ガイドの近藤は、顧客たちのこれらの数値と、顔色や顔つき、言動、食欲、排便の有無、水分摂取、行動中の様子を細かく確認し、全員の体調を把握するようにしている。

大田は、いつも誰よりも早く起きて、測定を済ませたあとベースキャンプ周辺の丘を歩き回っていた。これはチョ・オユーなどほかの登山のときも同様である。日ごろ、早起きをしてトレーニングしていた習慣を、ベースキャンプでも続けていたのだろうか。よく動くことは高所順応を進めることにつながる。

登頂アタックに入ってからの大田も順調だった。

登頂日、山頂直下からペースがダウンし疲労気味だったが、言い換えれば、八八四八メートルの高峰に疲労をせずに登れる人はそういないのではないだろうか。山頂の写真では顔のむくみが気になるけれども、これも大田に限ったことではなく、超高所がそれだけ過酷な場所であることを表わしているとも考えられる。疲労はしていたものの、転倒直前まで自力で懸垂下降をし、基部に下り立ったあとは、下降器を外して固定ロープをセットするなどのロープワークを確実にこなしている。近藤は、大田は先頭集団で登り続けていて、決してガイドの力で引っ張り上げたのではなく、彼女自身の能力で登っていたと考えている。

これらの状況からして、増山医師は死因を特定できないとしながらも、いくつかの可能性を外すことはできると考えた。

ひとつは、転倒による頭部あるいは頸部の外傷。このような外傷がないことは近藤が確認している。

もうひとつは、ロープやスリングによって頭部が緊縛され窒息した可能性も低いと考えた。実際に、大田の頸部がロープやスリングで緊縛された状態ではなかったと近藤が証言している。

また、いわゆる重症の高山病による死亡とも言いがたいと増山医師は述べる。重篤な高山病（肺水腫とか脳浮腫のことである）にかかっていた場合、大田は登頂すらできなかったはずだからだ。大田は自力で登頂し、転倒する直前まで自力で下降を続けていた。

増山医師は、酸素ボンベからの酸素供給が保たれていたことから、急性の酸素欠乏ではないだろうと、以前発言していた。しかし、これについては現時点では完全に否定することはできないと述べている。

以前発言した時点では、転落後に大田が体勢を立て直そうと一分ほどあがいていたという情報を得ておらず、転落直後に意識をなくしたと解釈していたからだ。転落後も意識があり、体勢を立て直そうとしていたとなれば、酸素ボンベから酸素が供給されていても、マスクがほんのわずかでもずれてしまった可能性もある。近藤が大田のところに到着した時点ではマスクはずれていなかったが、近藤が到着する前に、シェルパが酸素を吸わせるためにずれたマスクをはめなおしたかもしれない。多少のマスクのずれ、短時間マスクを外したことだけですぐに不整脈をきたすとは考えにくい。しかし、八五〇〇メートルの超高所において、逆さになった状態から体を起こそうとするような急激に大量の酸素消費を要求する全身の筋肉運動のあとでは、しかもそれが成功しなかったとすれば、酸素がスムーズに供給されず急性の酸素欠乏になった場合、重篤な不整脈をきたし、低酸素性の意識消失をきたす可能性がある。つまり、内科的な原因だけでなく、マスクのずれなどの外的要因も払拭できないという。

橋本医師は、副交感神経と交感神経について考えながら、大田の死因について述べた。われわれの体は、睡眠など休息しているときには副交感神経系が優位な状態にある。睡眠から目覚め、活動を始めると交感神経系が亢進されていく。心臓の事故死は午前中、とくに起床後二時間以内に多く見られるといわれている。登山中の心臓が原因による突然死も、午前中に発生することが多いというデータがオーストリアにある。これは交感神経が緊張し、心筋が興奮した場合に、心筋梗塞から心臓突然死に陥る可能性が高いからだ。

副交感神経優位の状態から交感神経優位へ、また交感神経優位の状態から副交感神経優位で正常な状態であれば問題なく移行していく。しかし、なんらかの理由によりこの移行に異常をきたした場合、不整脈が起こることがある。

登頂後の疲労と低酸素はほぼ全員に認められる状態であるが、大田の場合、転倒が引き金となって交感神経過緊張となり、心室細動など致死性の不整脈が出現したのではないかと橋本医師は考える。

また、ほかの可能性として、転倒したことによって体位（体の向き）が変わり大きくストレスが加わったために、血圧が上昇し迷走神経反射が過剰に反応し、徐脈性不整脈や心停止を起こした可能性もあると橋本医師は言う。

前述のとおり、事前のＭＲＩとＭＲＡ検査で異常がなかったことから、くも膜下出血は否定でき、脳出血の可能性が絶対ないとはいえないが、このように心臓死と考えるのが妥当であろうというのだ。

高所登山のリスク

では、高所登山での死を完全に防ぐことができるのだろうか。残念ながら、答えはノーである、と言わざるを得ない。

高所登山での突然死のリスクを減らすことはできる。登山前に、負荷心電図や頭部MRI、MRAを含む健康診断を行ない、体調をチェックする。日常では、禁煙し、適度な運動と規則正しくバランスのとれた食事、十分な休養をとり、高脂血症や高血圧、高血糖を予防する。これらは、死亡のリスクを減らすことになる。

しかし、これらすべてを実践していても死亡することがある。大田自身がそうであった。それは、高所登山そのものが、とてつもないストレスにさらされているということにほかならない。鹿屋体育大学教授であり、運動生理学やトレーニング科学を専門としている山本正嘉が、二〇〇七年八月に東京で開催されたシンポジウム「高所登山における突然死を考える」において、興味深い発言をしていた。山本自身も高所登山の経験が豊富であり、チョ・オユー（八一八八メートル）に無酸素で登頂している。大学にある低圧低酸素室を使ってトレーニングをし、登山期間を短くして、現場での負荷を軽減させて登頂するという試みも、ムスターグ・アタ（七五四六メートル）やアコンカグア（六九六〇メートル）で行なっていた。ほか、国内の八〇〇〇メートル峰登山者のデータを広く集め、高所登山の研究を続けている。

山本はシンポジウムで、登頂することだけでなく、登頂してから消耗しきった体で安全圏まで戻ってくることを、体にかかる一連の負担と考え、それに耐え得るためのトレーニング、コンディショニングの方法が必要だと述べている。また、登頂日に受ける各種の非常に大きなストレスに耐え得ること、酸素ボンベを使用したとして六〇〇〇メートル台のレベルで連続して五日間ハードに登山活動ができるだけの身体能力が必要だとも述べている。確かに高所登山の初期段階では、高所順応をし、休養日をはさみ、また高所順応をすることを繰り返して体を高所に慣らしていくが、いざアタックが始まると、高所に滞在する時間をなるべく少なくしたなかで登頂することを考えるため、当然休養日はなく、登り続けなければならない。チョモランマでいえば、ＡＢＣから登頂してＡＢＣに戻るまでに、平均して五日間かかる。ベースキャンプまで下るとなると、この五日間に加えて往復の日数二、三日がかかる。

山本は「これに相当したストレスを、トレーニング時にかけるという方法もある。しかし、中高年の場合には、そのトレーニングそのものが体を破綻させてしまう可能性もあるというジレンマも出てくるだろう。エベレスト（チョモランマ）登頂を想定すると、日本の冬山で夜十時に登りはじめて、一日ハードな冬山を登ってみる。食べ物も少ししか食べずに、水を四リットル飲むところを一・五リットルにしてみてください、と言いたい。しかしそれをやったら死んでしまうかもしれない。つまり高度の要素を除いたとしても、（チョモランマ登山は）それだけ危険なことをやっている、そんなに甘いものではないということを認識してほしい。これはなにも中高年に限ったことではなく、八〇〇〇メートル峰の登山は誰にとっても死と紙一重の世界であることを、いま一度認識する必要があるだろう」と述べた。

チョモランマ登頂日を日本の冬山にたとえたこの表現はとてもわかりやすい。現場ではさらに、これに高所・低酸素・低温という悪条件と、前日まで六〇〇〇メートル台で（酸素ボンベを使用したと前提して）ハードな登山を続けているという負荷も加わってくる。私たち登山者は、高所登山というのは、そういうものなのだと認識すべきなのだろう。

大田の故郷を訪ねたとき、家族の話のなかで印象的だったことがいくつかあった。長男の泰正は話しはじめるなり、「母は出発前に頭部のＭＲＩとＭＲＡを撮影しており、それには異常がなかったから、何がしかの理由により心臓にアタックがあり、心筋梗塞もしくは、致死性の不整脈が起こったのではないかと考えている」と述べた。神経内科と脊髄外科を専門とする医師らしい発言であると感じた。しかし、それだけではなかった。大田のＭＲＩとＭＲＡを撮影したのは泰正本人だったのだ。

夫の浩右は脳外科を専門とする医師である。夫は死因を特定するようなことは言わなかった。長年連れ添った妻のことを慢性疲労だったのではないかと話した。慢性疲労が直接的な死因であるという意味ではないが、それが引き金になったと考えているようだ。

夫の目から見て、妻の大田祥子は、「よくばり完璧主義な人間」だった。よくばりというのは、ほめ言葉でもある。自分自身の仕事、病院を設立すること、患者ひとりひとりに丁寧に接し治療すること、家庭内のあれこれの仕事、子どもたちの世話（成人したあとは気配り）、どれひとつとしておろそかにすることはなかった。趣味の登山も同様だ。そんな祥子の生き方を象徴するようなエピソードとして、浩右は、「息子たちが赤ちゃんだったころは、オムツを替えるときに、おもらししたオシッコを自分でなめてしまう、そんな女性だった」と話す。実際にオシッコをなめてしまったかどうかはわからない。しかし、限りある時間のなかで、身の周りすべてのことに深い愛情を注ぎ、完璧にやろうとする彼女は、ひょっとしたら息子のオシッコを、余分な時間をかけずになめて処理してしまうのかもしれない、と思わせるような人間だった。

六十歳という年齢を考え、「チョモランマに登るのだったら、これが最後のチャンスかもしれない」「元気に登れるのはあと数年だろう」と周囲に話していた。仕事との両立は並大抵のことではなかっただろう。仕事については、大田と長年一緒に働いてきた坪倉菊代が、「しんどいことは一度も顔に出したことがない。患者さんひとりひとりの手を握り、足を触り、決していい加減なことをせずに診察をする。あんなお医者さんはほかにいない。いつも気配りがあり、本業だけでなく地域社会に役に立とうと託児保育所の校医を引き受けるなど、幅広い活動をしていた」と話している。

大田の人生は常人の域を超えたものだった。疲れていても、のんびりすることは性分に合わなかった。畑仕事をしたり、絵手紙を描いたりすることで気分転換を図っていたようだ。遺稿集のタイトルには大田の直筆で「ありがとう」と書かれている。その言葉の通り、すべてのことに感謝しながら、自分に厳しく生きている人だった。

浩右は一緒に暮らしているものにしかわからない点で、彼女に疲労がたまっていたことを話してくれた。その通りかもしれない。しかし、大田は、浩右や泰正に反対されても、チョモランマに登りたくて出発した。賛成して見送った次男の祐介と三男の慎三と同様、反対したふたりにも感謝していただろう。

そして、自分のでき得る限りの努力と準備をして臨んだ。申し分のない登りっぷりだった。

しかし、それでも突然、死亡することがある。その完璧さ、自分への厳しさやがんばりが裏目に出るという皮肉な結果かもしれない。大田に及ばない体力の人が生還できても、彼女は死んだ。高所登山における突然死の恐ろしさは、高所登山という環境がもつさまざまな要因が引き金となるのであり、リスクを減らすことはできても、突然死をなくすことはできないのではないだろうか。

山の突然死に潜む危険因子

突然死とはなにか

突然死の定義

ＷＨＯ（世界保健機構）では、突然死とは一般的に事前に明確な原因がないまま、症状が出現してから二十四時間以内に死亡に至ることとされている。発症して数秒間で死亡する「瞬間突然死」「一時間以内に死亡するもの」「二十四時間以内に死亡するもの」と、発症から死亡までの時間によって三段階に分けられている。

突然死の発生頻度は、日本では一年間あたり千人集まるところで一人とされ、年間五万人の報告がある。これは報告数であり、実際はこれ以上の人数が突然死しているると考えられる。欧米は日本の約二倍と言われ、男性の発生率は女性の二倍と言われている。野外での突然死よりも、屋内での場合のほうが多い。入浴中は急激な血圧の上昇や体内で血栓が形成されること、脱水などにより多く発生する。東京二十三区で入浴中に突然死をした人数は、一年間に七百五十人だった。二十三区内の交通事故による死亡者が四百人であり、突然死の人数はそれを上回る。

スポーツ中の突然死は全体の一パーセントでありそれほど多くはないが、後述する心室細動に起因したものがほとんどである。スポーツの内訳はランニング、ゴルフが多く、ついで登山は七パーセントである。競技人口を考えれば、登山中の突然死は決して少なくないと言えるだろう。

死因の多くは心臓にあり、死亡までの経過時間が短いほど心臓突然死の占める割合が高く、瞬間死では九十八パーセントが心臓突然死である。ほかにくも膜下出血、脳出血、脳梗塞などの脳疾患や、大動脈乖離、静脈血栓症などの場合もある（以上、取材当時のデータ）。

心臓突然死

心臓突然死は、狭心症や心筋梗塞などの虚血性心疾患が原因である。

・狭心症

狭心症とは冠動脈の狭窄や痙攣によって心筋に酸素が不足した状態を指す。冠動脈硬化が起きたときに七十五パーセント以上の割合で冠動脈に狭窄が出現する。その上に登山のような運動をすると心臓の仕事量が増加するため、冠動脈血流を増加させる必要がある。しかし、そのときに冠動脈が狭窄しているため血液が流れにくくなり、十分な酸素を心筋に送れなくなる。これが狭心症である。

症状は胸痛。痛みの種類は刺すようなものではなく、胸を締めつけられるような感じで、しばしば冷や汗が出ることもある。痛みは数分で治まることが多いが、心室性不整脈を合併し、突然死に至ることもある。

対処法としては、胸痛や胸部に不快感があったら、ただちに登山を中止する。歩行を止め、休んで安静にする。ニトログリセリンがあれば服用する。ニトログリセリンは冠動脈の拡張作用があるので症状が軽減することが多い。一錠を舌下に含ませ、効果を見ながら三～五分間隔で二十一錠まで使うことができる。しかし、ニトログリセリンは狭心症の患者が処方される薬であり、一般に薬局で買うことはできない。また、血圧低下などの副作用もあるので使い方を誤っては危険である。十分な知識を持って使用するべきである。高齢者を引率する山岳ガイドやリーダーが携帯する場合も、使用方法と副作用に関して十分注意してほしい。

症状が治まったらなるべく早く下山し、医療機関へ行くこと。重篤で歩けなければヘリコプターの救助を依頼する。たとえ症状が治まったからといって登山を再開

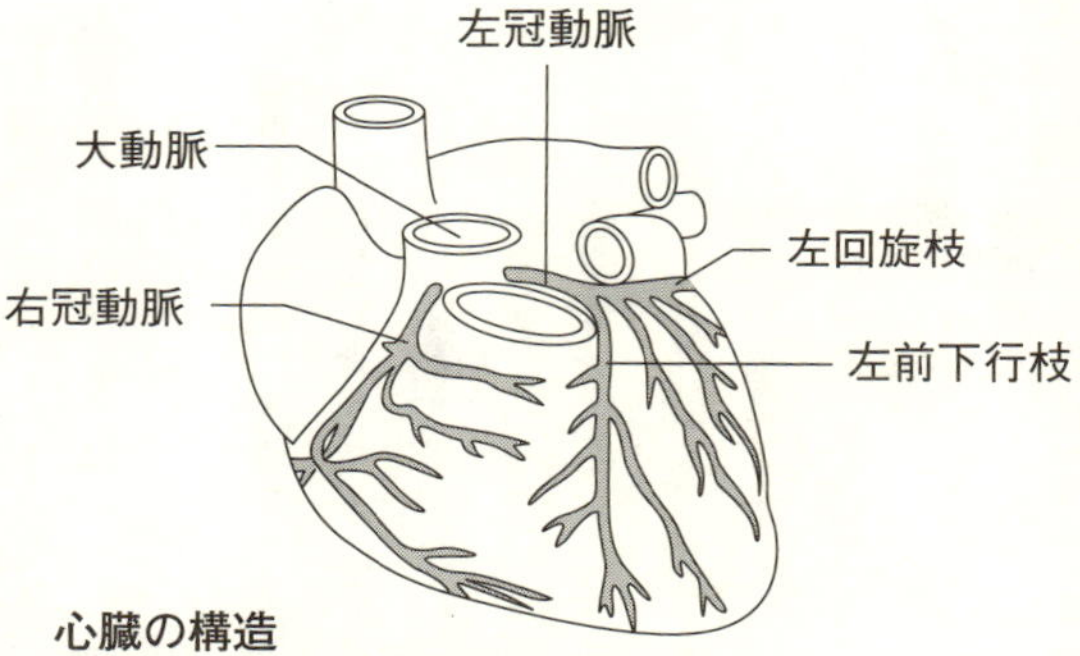

心臓の構造
大動脈から左冠動脈と右冠動脈がでている。
労作性狭心症はこの冠動脈が硬化して起きる。
急性心筋梗塞は冠動脈が閉塞して起きる場合が多い。

してはならない。また下山に際しては、必ず周囲の人が付き添うことが重要だ。ひとりにしてしまっては、事態が急変したときに対応できないからだ。

狭心症は、心電図で異常を見つけることができるが、四十歳以上の人、および高所登山をする人にはトレッドミルなどを使った負荷心電図の試験や心エコーを勧める。

本書でも狭心症を患っていたと思われる人の突然死を紹介した（「急性心臓死・魚野川」）。彼の場合、どのような治療を受けていたか明らかになっていないが、狭心症の場合でも、医師から適切な治療と指導を受けていれば、適当な運動をすることができる。心電図、とくに負荷心電図の検査を定期的に行ない、狭心症についてチェックすることと、狭心症の場合は早急な治療が肝要だ。また、遺伝が関与することも多いので、血縁者に狭心症や心筋梗塞にかかった人がいる場合は、これらの病気にかかりやすいと考えられる。

・急性心筋梗塞

急性心筋梗塞も突然死の死因となる。急性心筋梗塞は心臓に栄養を供給する冠動脈の内側に生じたソフトプラークが破綻し、そこに血小板などが付着して血栓ができ、冠動脈が閉塞する場合に起こることが多い。ソフトプラークは小さいため、多くの場合、破綻するまでは症状が現われない。

急性心筋梗塞が起こると、胸痛がある。狭心症の場合数分で治まるが、急性心筋梗塞の場合は何時間も持続する。痛みの種類は狭心症同様に胸が締めつけられる感じだ。冠動脈の閉塞した場所によっては、あごや左腕、背中や上腹部が痛む場合もある。痛みが治まり動けるようになることもあるが、動けないまま心室性不整脈を合併し突然死に至ることもある。

急性心筋梗塞のゴールデンタイムは六時間といわれている。この間に医療機関に搬送でき、適切な治療を受ければ救命できる確率が高い。登山中に急性心筋梗塞を疑うような症状が現われた場合は、ただちに登山を中止し医療機関に搬送する。アスピリンには抗血小板作用があり、心筋梗塞の症状を緩和させる可能性がある。半錠〜一錠（百六十五〜三百三十ミリグラム）を口のなかでよくかみくだいてから内服する。休む場合は、起座位にする。呼吸が楽になり、心臓への負担が減るからだ。下山には、狭心症同様、必ず周囲の人が付き添う。重篤の場合は躊躇せずに、ヘリコプター救助の依頼をする。

また、呼吸が確認できない場合は、周囲の人が心肺蘇生法を行なう。

急性心筋梗塞の危険因子は、高血圧、高脂血症、糖尿病、喫煙である。ふだんから規則正しい生活、バランスのよい食生活、適度な運動を心がけ、禁煙することが大切だ。また、高血圧、高脂血症、糖尿病の場合は、医師の治療を受けてコントロールしておく。神尾重則医師（呼吸器、落合クリニック）は、「山に登る者は、まずは過食、運動不足、肥満を避けなければいけない」と言う。過食や運動不足、アルコールの過剰摂取というように生活に偏りがあると肥満体型になり、そこから心筋梗塞などを引き起こし、突然死の危険因子を増やしていく。神尾医師はこれを「ドミノ倒しの最初の駒が倒れるように、まず肥満が起こり、それが進行すると、スタジアムを揺るがすようなウェイブとなってドミノ倒しは一気に進み、脂肪肝、高脂血症、高血圧、糖尿病などを引き起こし、ひいては、心筋梗塞や脳梗塞に向かって総崩れとなる。できるだけ〝上流〟で、この波の流れを食い止めることが重要だ」と強調する。

いずれの場合にせよ、不整脈があることは心臓疾患につながるので、不整脈と診断された場合は治療を受ける必要がある。二〇〇八年五月、七十五歳の高齢にして二度目のエベレストに登頂し（二三年、八十歳で三度目の登頂）、無事生還した三浦雄一郎は悪質な不整脈の一種である心房細動を抱えていた。しかし、二度にわたる手術と日常生活の見直し、トレーニングによって克服した結果の登山だった。現地でも常に体調をチェックし、できる限り心電図もとり、主治医の指導を仰ぎながら登った。七十五歳の男性がこれほどの不整脈を克服して世界最高峰を登ったことは、ひとつの可能性を示し人びとを勇気づけるものだった。しかし一方で、この朗報を聞き、誰もが三浦と同じ手術を受け、登山に復帰しようと考えるのは危険である。三浦の手術にもリスクがあったことや、また同レベルの手術を行なえる環境は残念ながら現在の日本にはわずかしかないという事情もあるからだ。

ほかに心臓突然死の理由としては、心臓震盪も挙げられる。胸部を強く打ったときに、その衝撃によって致命的な不整脈をきたす疾患だ。強打すると必ず死亡してしまうのではなく、心臓の鼓動のT波が出ているときに強打すると突然死につながる。硬式野球ボールやサッカーボールが当たり、試合中に死亡したケースもある。胸部に打ち身や骨折のような外傷が見られなくても、心臓震盪の場合もある。


突然死は心臓疾患にかかわらず、中高年が大多数であるが、なかには若い人の突然死もある。三十六歳の鍛えられた気鋭のクライマーが突然死した事例があった。本書では事例として収めることはできなかったが、彼の場合も若年層の突然死の特徴が見られたと考えてもよい。

家族歴がなく健康診断にも特記事項がなかった彼は、ハイレベルのクライミングをする人だった。ゆえに心肺機能も高く、運動の習慣もあったし、筋肉質の引き締まった体つきだった。

しかし、長野県小川山の山中で突然の死を遂げた。岩登りのルートに向かう途中の道で、彼にとって特別な負担のかかるところではなかった。いわば散歩の延長のような運動強度だった。倒れる直前に「あっ」と声を出した。わずか一、二分後、仲間が彼の元に着いたときには、うつぶせで顔を半分地面につけ、目と口を開けたままだった。仲間が首の脈を確認したが触れていず、意識も呼吸もない。心肺蘇生を試みたが回復することはなかった。

死因は特定できないが、死亡診断書には「不整脈による心不全」と書かれている。彼の死について、増山茂医師（呼吸器、了徳寺大学）は、最初にスポーツ心臓と心臓震盪を疑った。スポーツ心臓とは、アスリートが持っている心臓のことで、毎分の脈拍数が五十以下。横たわった安静時であれば三十台の人もまれではない。これは、一歩間違えると病的に危険な不整脈になることがあるという。優秀なアスリートが持つスポーツ心臓と、病的な領域になる徐脈性不整脈の境界は薄い。スポーツ心臓は心肺機能を鍛えた結果、徐脈になる人もいれば、生まれつき脈拍数が少ない人もいる。

心臓震盪を疑ったのは、倒れたときに胸部を強く打った可能性があるからだ。地面は剪定された小枝の山があったがその下に岩が隠れていたのと、背中にはクライミングギアの入った十二～十三キロのザックがあった。

上小牧寛憲医師（循環器、秋田労災病院）は、肥大型心筋症も疑った。若い人の心臓突然死の原因として、最初に疑われるものだ。肥大型心筋症は原因不明の心疾患であり、心臓の壁が厚くなる（肥大する）ため、左心室（ときには右心室）の内腔が狭くなり、心房から心室へ血液が流れにくくなってしまう病気だ。遺伝性であるのが半数程度だ。心電図にその特徴が現われるが、突然死後の解剖によって明らかになる例も少なくないという。

肥大型心筋症と診断されたものは、多くの場合運動が禁じられる。症状があるときに運動すると、呼吸困難、胸痛があるからだ。閉塞性の場合は呼吸困難、めまい、失神などが出現する。深刻な場合は死に至る。

子どものうちに発症して死亡するケースが多く、三十六歳の彼ほどの年齢まで生き延びた場合は死亡することは少ない。肥大性心筋症は五百人にひとりがもっているというデータがあるが、すべてが突然死につながるわけではない。

以上のように、若年層の突然死の場合、スポーツ心臓が引き金となった不整脈や肥大型心筋症、心臓震盪なども多い。

脳卒中とは

出血性発作（脳出血、くも膜下出血）、脳梗塞は突然死の危険がある。脳出血発作と脳梗塞をあわせて脳卒中という。

脳出血は脳内部の血管が破れて出血したものだ。くも膜下出血は脳の表面で出血するもので、出血した血液の圧迫により脳細胞がダメージを受ける。

脳出血は高血圧が危険因子であるほか、動脈硬化が進んだ場合にも起こりやすい。くも膜下出血は、脳動脈瘤や脳血管奇形などの特殊な原因によって起こる。

脳梗塞は脳内部の血管が詰まり（梗塞し）、その先に酸素や栄養が送れなくなり、脳細胞が壊死する状態をいう。脳梗塞には、動脈硬化が進んで徐々に血管が詰まった脳血栓と、心臓から血液の塊が流れてきて詰まる脳塞栓の二種類がある。

脳血栓の原因となる動脈硬化は、加齢、高血圧、糖尿病、高脂血症、喫煙が危険因子となる。これまでは若年層には見られないものであったが、最近では子どものころからコレステロール値が高い場合もあり、三十代で脳血栓が見られることも少なくない。

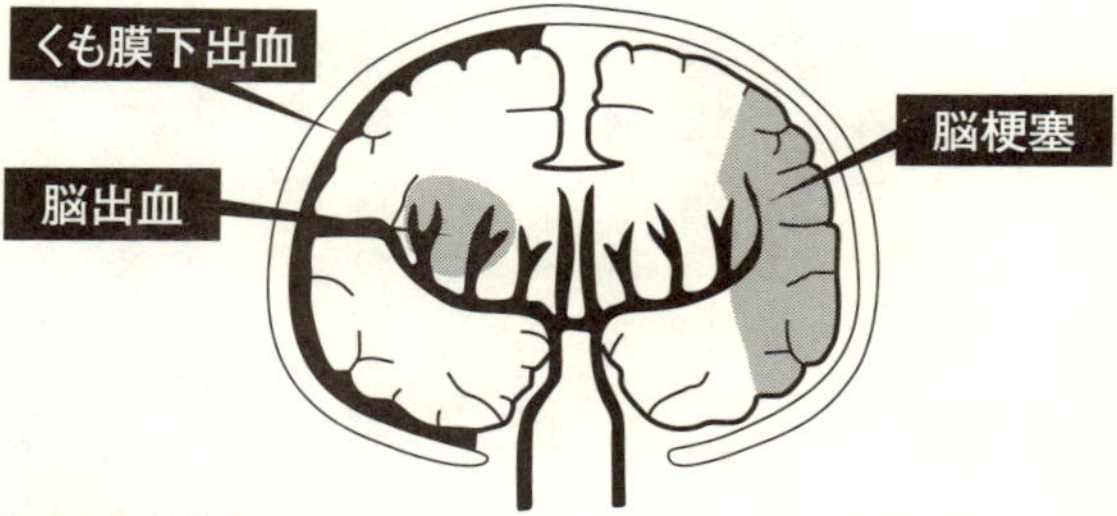

脳卒中の種類

脳梗塞は、血管がつまったことにより、その先に酸素や栄養が送り込めなくなり、脳細胞が壊死することをいう。また、脳出血、くも膜下出血というのは、脳幹部の血管、あるいは脳動脈瘤が破れて出血した状態をいい、出血した血液により脳が圧迫されることによって脳細胞がダメージを受ける。

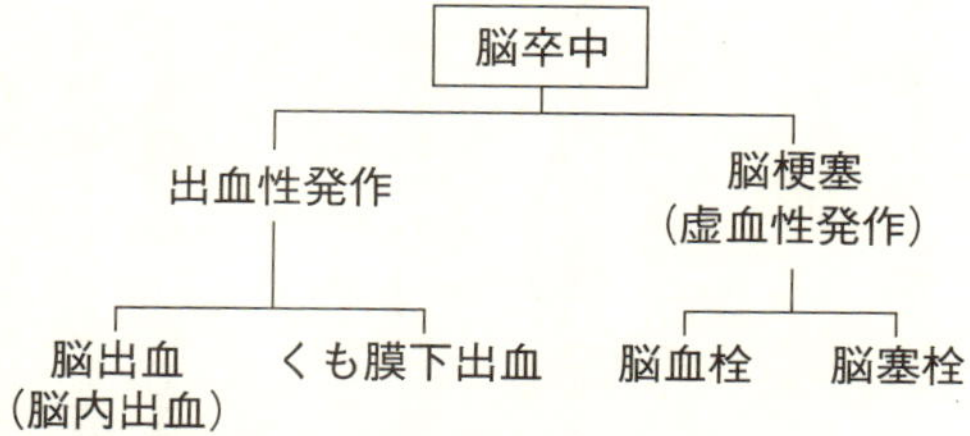

突然死をひき起こす可能性のある脳卒中

一方で脳血栓は心房細動という不整脈や心臓弁膜症、心筋梗塞を起こしたあとなどに、本来は心臓のなかでは固まらないはずの血液が固まり、脳の血管に流れ込むことによって起こる場合もある。若年であっても、弁膜症や心房細動があれば起こり得る。心筋梗塞の危険因子は高血圧、高脂血症、糖尿病、喫煙である。

・脳梗塞、脳出血の症状

これらの症状について説明しよう。

脳梗塞は気づかないうちに進行し、たまたまＣＴやＭＲＩを撮影して発見される場合もある。これを無症候性脳梗塞という。

脳には、運動や視覚、言語など重要な機能を支配する機能局在がある。そのため、これらの機能と関係した部位が詰まったり、出血をすると症状が出る。しかし、脳梗塞の場合、頭痛は比較的少なく、症状も軽度であることが多い。また前ぶれもなく突然起こることも多い。

一方で、突然に激しい頭痛が起きた場合は、くも膜下出血の疑いがある。

脳卒中の症状は多様であるが、ほかに運動失調、片麻痺、ろれつがまわらなくなる、記憶障害、文字が書けない、読めない、失語、知っている人の顔を見て誰だかわからなくなる相貌失認などがある。

出血性発作は、血圧が上昇した活動期に発症することが多く、脳梗塞は血圧が低下した安静時に起こることが多い。

登山中に脳卒中の疑いがあった場合には、救急車やヘリコプターの出動を依頼し、早急に医療機関に搬送する。救助を待つ間は患者を回復体位（三十三ページ）にするのが安全だ。気道が確保でき誤嚥《ごえん》性肺炎を起こすことを防げる。誤嚥性肺炎とは食べ物など外部から口に入れたものが誤って気道や肺のなかに入ってしまい、感染を起こし肺炎になることだ。脳卒中が疑われる場合は、食べ物をとることは控える。

・登山中の脱水に注意

脳卒中の危険因子は高血圧、高脂血症、糖尿病、喫煙である。ほかに日常生活と違って登山中に起こしやすい危険因子として、脱水症は軽視できない。登山中は発汗や呼気で水分が失われる一方、摂取できる水分量に限界があるため血液濃度が高くなり、血液の粘稠度を増し血栓や梗塞を起こしやすい。これを防ぐためには登山の前後に十分な水分を補給することと、登山中もこまめに水分摂取することだ。また、環境の変化などにより下痢になった場合はとくに注意が必要だ。高所登山ではますます水分摂取に限界があり、失われる水分も多くなるので、できる限りの努力をして水分摂取を心がける。ビッグウォール・クライミングなど困難な条件下の登攀でも持ち運べる水分に限界があるが、このような場合もできる限りたくさんの水を摂取することが、脱水を防ぐことになる。

大動脈乖離と肺血栓塞栓症

大動脈乖離は、動脈硬化が危険因子となる。動脈硬化が進んだ結果、大動脈の内側の膜が破れて、血液が外膜と内膜の間に流れ込んでしまうものだ。

症状は突然に襲ってくる激しい胸痛。多くの場合、痛む部位が血管の乖離の進行にともなって移動する。登山中の救命は非常に難しく、内科の専門的治療が必要になるので、ヘリコプターなどでの救助を依頼して安静にして待つしかない。

肺血栓塞栓症(静脈血栓症)は、長時間飛行機に座ったあとに起こることがあることから、ロングフライト症候群(エコノミークラス症候群)とも呼ばれるものである。下肢でできた深部静脈血栓症の血栓がはがれ、血液の流れとともに心臓を通り肺へたどりつき、肺血栓塞栓症を引き起こす。

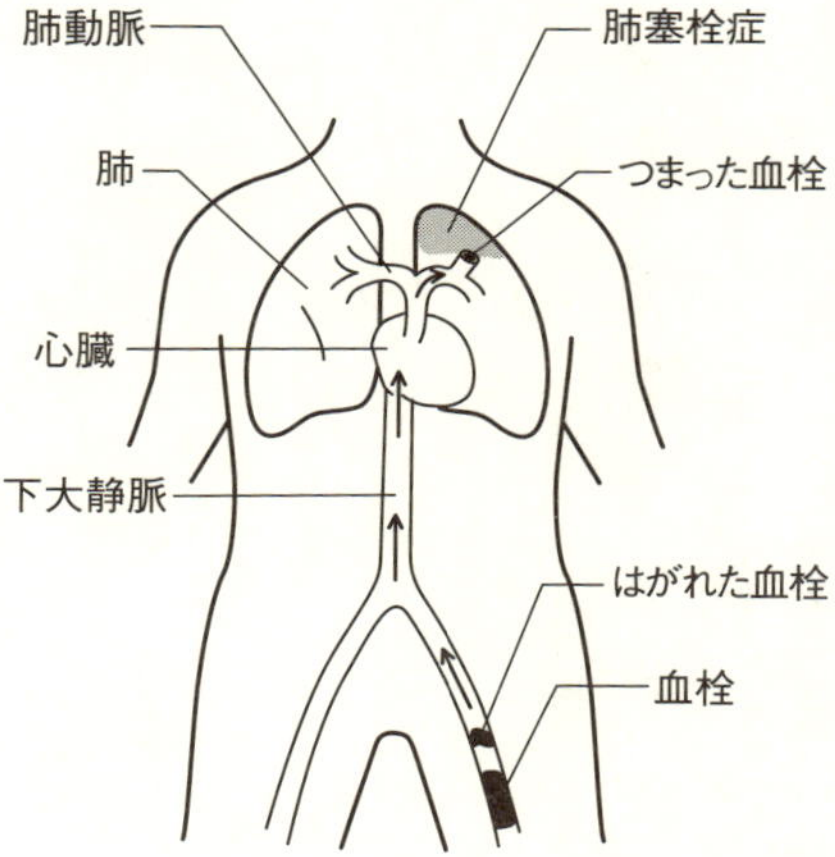

肺血栓塞栓症を起こす仕組み
四肢や骨盤の静脈にできた血栓が、血液とともに心臓を通り、肺へ流れ込んだことにより引き起こされる。長時間、飛行機で座った後に起こるロングフライト症候群もその一例である。

症状は突然の呼吸困難、胸痛、脈拍の上昇、ショック症状、血圧の低下だ。

登山中に肺血栓塞栓症になった場合、下肢を圧迫し、静脈瘤を保護する。早急に下山し、医療機関で治療を受ける。

肺血栓塞栓症を予防するには、十分に水分を補給することと、停滞日・休養日であっても適度な運動をすることが大切だ。

海外登山中に何度も足がつり、その数日後に死亡した人が、解剖の結果、死因は肺血栓塞栓症とされた例がある。

ネパールのメラ・ピーク（六四七三メートル）登山を計画していた彼女は、出発前に登った谷川岳で足が痙攣した。そのときは大事に至らず日本を出発。

ベースキャンプに向かう途中、四二八〇メートルの峠を越えたあとの長い下りで何度も足が痙攣した。同行した山岳ガイドによると、高所での海外トレッキングの経験が豊富で、体力的にも問題はなかったという。足が痙攣したときは、山岳ガイドがマッサージしたり、休養させて水分を十分に与え、ゆっくりと下った。

第一キャンプに向かう途中に不調を訴え、付き添いのシェルパと一緒にベースキャンプに下山した。翌朝、トイレにたったあと胸部に強い痛みがあるとサーダー（シェルパ頭）に訴えた。サーダーは個人用のテントで休養することを勧め、その一時間後に彼女の様子を見にいった。しかし、そのときはすでに息がなかった。詳細は不明であるが、足がつっている時点から下肢静脈瘤があったのではないかと考えられる。

ほかにも、国内の登山で長時間ビバークを続けたのちに突然死した例のなかには、肺血栓塞栓症が疑われるものもあった。この場合は疲労など複数の要因が絡み合っていたが、長時間飛行機の狭いシートに座り続けると肺血栓塞栓症になりやすいのと同様、狭いスペースで十分な水分もとれないまま、あまり動くこともできずにビバークをするというのは、肺血栓塞栓症を引き起こす危険因子を内包している。

登山中の突然死の頻度と傾向

日本国内の登山中の突然死例

山での突然死がどれくらいの頻度で起きているのか、日本にはそのデータがない。限られた資料・情報から述べると次の通りだ。性別は男性のほうが多く、年齢は中高年が多い傾向にある。日本勤労者山岳連盟加盟の山岳会（二〇〇八年現在、六百五十団体二万五千人）のなかで、二〇〇〇年から〇五年六月までに報告された（同連盟の共済基金を申請した）登山中の病気の事例は三十九あり、そのうちの十三事例が突然死である。その内訳は、男性が十一人、女性が二人だ。平均年齢は約五十六歳である。

青梅警察署管轄内（おもに奥多摩山域）では、一九九八年から二〇〇七年の十年間で九人が登山中に突然死している。これについては全員が男性であり、平均年齢は約六十歳。この九人のなかには、四十歳の男性も含まれている。山岳レース中の事故であり、強度の運動負荷がかかっていたのは確かであるが、十分な体力と経験

日本国内の突然死による遭難例

年月日	年齢	性別	山名	登山形態	発症時間	発見時間	死因など
1998年							
12/12	72	男性	奥多摩・赤指尾根	無雪期登山		12:40	心筋梗塞
2000年							
2/11	60	男性	八甲田大岳	山スキー	14:00		心筋梗塞
5/5	59	女性	大川入山	無雪期登山	13:10		急性心筋梗塞
7/8	59	男性	大岩岳	無雪期登山			心筋梗塞
11/4	64	男性	奥多摩・川苔山山頂付近	無雪期登山		12:55	心筋梗塞
2001年							
1/12	61	男性	柴尾山（上宮山）	無雪期登山	8:20		
5/12	70	男性	黒姫山	無雪期登山	9:50		心筋梗塞
11/3	66	男性	野坂岳	無雪期登山	16:50		心不全
2002年							
8/26	66	男性	北アルプス・燕岳	無雪期登山		9:50	
9/1	48	男性	岩手山	無雪期登山	10:35		急性心不全
9/22	44	男性	奥多摩・岩茸石山	無雪期登山		10:20	
9/22	55		男性北アルプス・乗鞍岳	無雪期登山	10:50		心臓麻痺
2003年							
1/15	67	男性	奥多摩・蕎麦粒山	狩猟		13:00	
5/12	55	男性	川迫川白子谷	沢登り	7:00		心不全
5/24	68	男性	夕日岳（栃木県）	無雪期登山	0:15		心不全
5/25	63	男性	庚申山	無雪期登山	15:00		心疾患
7/3	36	男性	小川山	クライミング	10:30		心不全
7/6	66	男性	北八甲田赤倉岳	無雪期登山	11:10		心不全
7/21	71	男性	月山	無雪期登山	8:55		心筋梗塞
8/14	60	男性	北アルプス・小池新道	無雪期登山	11:45		脳内出血
8/17	58	男性	阿寒富士（北海道）	無雪期登山		10:30	急性心筋梗塞
10/18	71	男性	日光白根山	無雪期登山		14:50	心肺停止後まもなく死亡
12/27	61	男性	南アルプス・仙丈ヶ岳	積雪期登山	14:15		急性心不全
2004年							
1/1	43	男性	善防山（兵庫県）	無雪期登山	6:40		心筋梗塞
7/3	56	女性	伊吹山	無雪期登山	15:20		急性心筋梗塞
8/1	61	男性	夜叉ヶ池（福井県）	無雪期登山	10:30		虚血性心疾患
11/24	44	男性	六甲山	無雪期登山		2週間後	急性心不全
11/24	62	男性	奥多摩・大岳山	無雪期登山		12:27	心筋梗塞
12/9	57	男性	岩手山	積雪期登山		12:00	心筋梗塞
2005年							
2/24	15	男性	飯野山（香川県）	無雪期登山	10:10		急性心不全
5/1	51	男性	瑞牆山（山梨県）	無雪期登山		8:25	心不全
6/4	69	男性	天王山	無雪期登山		11:52	急性心筋梗塞

7/30	62	男性	北アルプス・剱岳	無雪期登山	9:00		脳梗塞
2006年							
5/4	69	男性	浅間山連峰・黒斑山	積雪期登山	11:30		病死
5/5	61	男性	奥多摩・御前山	無雪期登山		11:45	心不全
6/17	55	男性	赤城山（群馬県）	無雪期登山	午前		急性心筋梗塞
6/19	61	男性	富士山	積雪期登山		13:25	目だった外傷なし。病死
7/20	62	男性	富士山	無雪期登山	13:00		突然倒れ、心停止
8/1	68	男性	奥多摩・稲村岩	無雪期登山		13:30	心筋梗塞
10/2	71	男性	八ヶ岳	無雪期登山		14:50	倒れ、心配停止
10/3	66	男性	北アルプス・天狗池	無雪期登山	11:55		急性呼吸不全
10/8	58	男性	南ア・小仙丈ヶ岳付近	沢登り	14:00		急性心筋梗塞
10/22	57	女性	境の冠山（福井・岐阜県）	無雪期登山	13:30		心臓発作
12/23	39	男性	北アルプス・西穂高岳	積雪期登山	17:35		心不全
2007年							
5/12	40	男性	奥多摩・棒ノ折山	山岳レース		11:20	心不全
7/28	60	男性	谷川連峰・仙ノ倉山	無雪期登山		15:50	
8/14	60	男性	浅草岳（新潟県）	無雪期登山		12:30	急性心筋梗塞
8/15	59	男性	魚野川（志賀）	沢登り	7:05		急性心臓死
8/19	65	女性	皇海山（群馬県）	無雪期登山		10:50	不明
8/19	59	男性	白山連峰・野谷荘司山	無雪期登山	10:50		心不全
8/20	61	男性	立山連峰雷鳥沢	無雪期登山	8:45		急性心筋梗塞
8/25	66	男性	八ヶ岳・麦草峠付近	無雪期登山			突然倒れ、死亡
8/25	55	男性	鳩吹山（岐阜県）	無雪期登山		7:25	
8/26	67	男性	神戸市北区の山	無雪期登山			
8/28	62	男性	月山	無雪期登山	11:45		
9/22	64	男性	那須岳（栃木県）	無雪期登山		12:35	病死
9/23	59	男性	不動岳（静岡県）	無雪期登山		13:40	病死
10/26	67	男性	八ヶ岳・蓼科山	無雪期登山		13:50	
11/3	59	男性	瑞牆山（山梨県）	無雪期登山		12:25	病死
11/3	68	男性	奥多摩・大場山	無雪期登山		9:43	
12/1	71	男性	南アルプス・夜叉神峠	積雪期登山	12:00		病死

●本データは、2002～2007年までの新聞記事、1998～2007年までの青梅警察署提供データ、2000～2005年6月までの日本勤労者山岳連盟提供データを元に作ったものである。国内のすべての登山中の突然死を網羅したものではない。

・上記61例のうち男性は57人、女性は4人。平均年齢は59歳である。

・発症時間は正確ではなく、当事者たちの記録および本人が発見された時間（単独行で他パーティに発見されたケースもある）、警察への通報時間を元にした。35例が午前中であり、ほかもほとんどは午後の早い時間である。

・死因は当時の報道や当事者からの届出に基づいた表現になっているが、脳疾患は2人で、明らかに心臓疾患であるものが37人。

のある男性だった。死亡後にわかったことであるが、彼には不整脈があり、医師の診察を受ける直前の事故だった。中高年の突然死が圧倒的に多いが、前述した事例と同様に若年層の突然死もある。二〇〇二年から現在までの約六年間に報道された山岳事故のうち、突然死の疑いが強いものは、著者が確認しただけで三十八件ある(前述の日本勤労者山岳連盟と青梅警察署内の事例は含まない)。これらの死亡者は男性が三十六人、女性が二人、平均年齢は五十九歳である。最年少は十五歳の男性。不整脈の持病はあったが学校の体育の授業は通常通り受けており、この日の卒業記念登山のスケジュールにも問題はなかったという。最高齢は七十一歳の男性が四人。

次ページの表の通り、発生時間は午前中であることがほとんどであり、この点も後述するM・ブルシャー医師の報告と一致する。

男性のほうが圧倒的に多く女性が少ない理由は、女性はエストロゲンが分泌されているためだ。エストロゲンは突然死の危険因子のひとつである動脈硬化を遅らせる働きがある。ただし、閉経後の男女には動脈硬化の進行について性差はなくなる。

以上は国内の事例であり、国外については高所登山、トレッキング、車両を利用した高地の旅行を含めて、著者が見聞しただけで、二〇〇七年は三事例あった。

登山全体の事故から見ると、二〇〇六年の日本国内の山岳事故の件数が千八百五十三件であり、そのうちの百五十七件が病気である（全国山岳避難対策協議会による）。突然死はこの約十パーセントの事故に含まれるが、百五十七件のうちには生存者もいる。全体の死亡者数は三百五十一人であるが、そのうち病気で死亡したもの（突然死含む）の人数はわからない。また、転落・滑落で死亡した者のなかにも、ひょっとしたら、転落・滑落の前に意識を失ったもの、死に至るような症状を発した結果意識を失って転落・滑落したものもいるかもしれない。

オーストリア・アルプスからの報告

オーストリア人のM・ブルシャー医師は、一九八五年から一九九一年までの七年間にわたって、オーストリア国内の山岳地域で登山やハイキング、スキーなどの運動中に心臓突然死した事例について調査し報告している。対象となったのは五百五十五人だ。

これによると二百二十五ページのグラフのように、四十歳代から急激に突然死の確率が高まっていることがわかる。また、女性よりも男性のほうが圧倒的に多い。

M・ブルシャー医師の検証によると、登山中の心臓突然死にはいくつかの傾向や危険因子があることがわかった。

ひとつは、心臓突然死は登山初日の午前中の遅い時間帯に多いということだ。先に紹介した日本国内の例にも見られる傾向だ。これは、山に入って行動を始めてから少し時間が経ったころのことである。ちょうどこのころに、交感神経系が緊張する。交感神経の緊張は激しい運動、緊張、恐怖心、低酸素、寒冷などによって引き起こされる。交感神経系が緊張すると、心筋細胞の興奮性の亢進、冠動脈の緊張亢進、血小板凝集能亢進、線溶系活性低下、遊離脂肪酸の増加、高血圧をきたし、これが心室細動など深刻な不整脈を引き起こす危険がある。

神尾重則医師も、「黎明からご来光の瞬間は山がもっとも美しい時間であるし、また登山では早朝から行動を開始することが鉄則となっている。しかし、この時間帯は〝魔の時間帯〟とも呼ばれ、致死性不整脈や血栓の形成に起因する心臓突然死の発症が多い」と指摘する。前述の理由に加えて、夜間の脱水により血液の粘調度が増加しやすくなっているのも原因のひとつだ。

登山において早朝からの活動は避けられないことであるが、「水分を十分に摂取

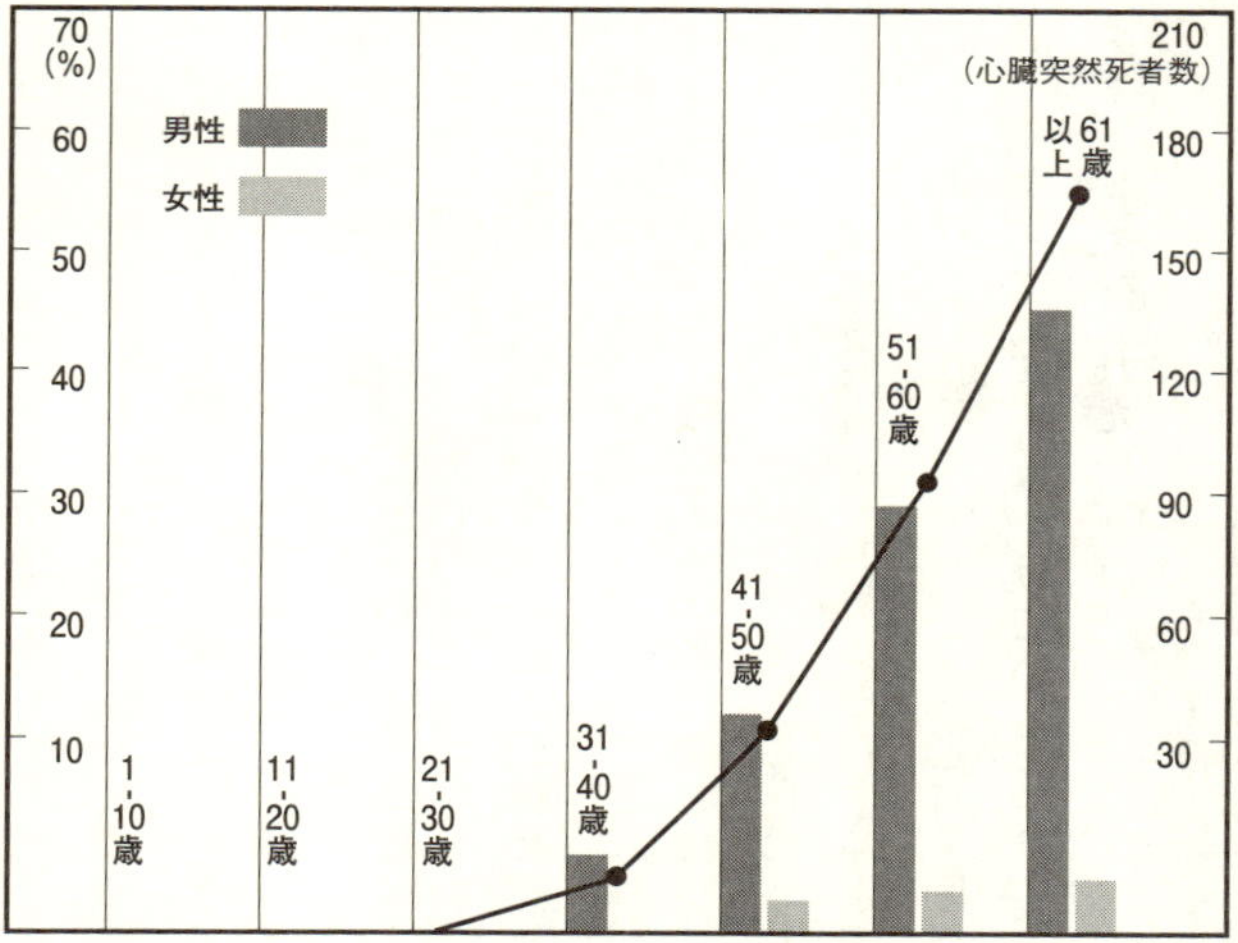

オーストリア山中での突然死

オーストリア国内で山岳スポーツ中に起こった心臓突然死の年齢別指数。40代から増加している（M.Burtscher, 2007）

リスクファクター	ハイキングの場合	山岳スキーの場合
心筋梗塞の既往	10.9倍	92倍
狭心症の既往	4.7倍	4.8倍
高血圧	1.5倍	9.0倍
糖尿病	7.4倍	1.1倍
高コレステロール血症	3.4倍	0.59倍
アドバンテージファクター	ハイキングの場合	山岳スキーの場合
年間2週間以上の登山・ハイキング	0.23倍	1.2倍
週1回以上の高度な運動	1.4倍	0.17倍

ハイキング・山岳スキー中の突然死のリスク（M.Burtscher, 2007）
オーストリアアルプスでハイキング、山岳スキーをしている最中に心臓突発しをした555人のうち、34歳以上の男性247人を他のハイカー・スキーヤー741人と比較。それぞれのリスクファクターを抱えていると突然死の危険確率が何倍になるか、またアドバンテージファクターがあれば、何倍に抑えられるか示した数値

することと、念入りな準備体操をして用心するように」と神尾医師は言う。

また、水分摂取してから死に至るまでの経過時間が長いことが多いという。裏返せば、水分摂取は突然死の確率を低下させることに役立っており、すなわち脱水が突然死の危険因子のひとつになり得るということだ。脱水は脳梗塞、心筋梗塞、血栓症、塞栓症の危険因子となる。

心臓突然死をした五百五十五人を生活習慣や既往歴から見ると、心筋梗塞、狭心症、高血圧、糖尿病、高脂血症が心臓突然死のリスクを高めていることがわかった。二百二十五ページ下の表（リスクファクター）が、前述のそれぞれの既往がある場合とない場合と比較して、どれほど心臓突然死のリスクを高めているか示したものである。ハイキングと山岳スキーに区分されている。

一方で、心臓突然死を予防するのに効果的なこととして、登山やハイキングを年に二週間以上行なっていること、週に一回以上高度な運動を継続していることを、M・ブルシャー医師は挙げている。これらについても表（アドバンテージファクター）を参照されたい。

高所・低酸素の影響

高所登山、海外の高山地帯のトレッキングや旅行中の突然死についても、いくつかの事例が報告されている。国内の登山同様、データの蓄積がないため、全体の数字や傾向を読み取るのは難しい。また、突然死に至らなくても脳梗塞や心筋梗塞を引き起こし、地元の医療機関で手当てを受けて救命できた事例や、高所脳浮腫の疑いで重篤な状況になったものの、デキサメタゾン（脳浮腫を改善させるステロイド系抗炎症薬）を筋肉注射で投与し、事態が改善したというような、瀬戸際の事例もある。

高所での突然死と日本の山での突然死には、救助体制の違いもあるが、突然死に至る危険因子という面から考えると、高所・低酸素・低温という環境も大きく影響している。

これらについて増山茂医師は、「高所における四つのHが高所での突然死のリスクを高めているのではないか」と述べている。四つのHとは、低酸素（Hypoxia）、低体温（Hypothermia）、脱水（de-Hydration）、低血糖（Hypoglycemia）である。

これらの要因によって、高所では交感神経の緊張が高まり、前述の説明のように致死性の不整脈を引き起こす危険がある。また、体は脱水状態になるため、脳梗塞、心筋梗塞などの危険も高まる。

前述のデキサメタゾンで回復した件であるが、これはこの五年間（取材当時）の日本人のヒマラヤ登山で二件報告された。直近のものは、二〇〇八年、父である三浦雄一郎とともに二度目のエベレストを目指した三浦豪太（三十八歳）だ。彼は、第四キャンプに入るころから不調を覚えた。翌日、山頂を目指す途中で意識が遠のいた。意識はすぐに戻ったが、両手と両足に鈍い痺れがあるなどの不調は残り、そこから決死の下山を始めた。足に力が入らずよろけるように歩きながら、シェルパにサポートされて下った。無線の周波数など重要なことを思い出せないという症状もあった。下山の途中に、自分自身でデキサメタゾンを筋肉注射によって投与したところ、ゆっくりと手足の感覚が戻り、後頭部の痺れも薄らいできた。その後も幻覚や幻聴を経験しながら、なんとかベースキャンプまで生還した。帰国後の検査では異常はなく、脳浮腫も消えており回復したという報道があったが、現場では脳浮腫のほかにも脳血管系疾患があった可能性もある。

ほかの例を見ても、このような症状は急激に進むようだ。欧米人のヒマラヤ登山者の間では、デキサメタゾンを携帯する人を時どき見かけるが、日本人で持参する人はまだ少ない。神尾医師は「デキサメタゾンが特効薬のように誤解しないでほしい。副作用があることと使い方を誤ったら危険であることを認識してほしい」と言う。いかなる薬も、それさえあれば大丈夫と考えるのは危険であり、使い方と副作用をよく理解する必要がある。また筋肉注射を打つにはそれなりの知識と経験が必要だ。

高所での突然死は、遺体が現地にあり解剖はおろか検死できない事例も多いため不透明な部分が多い。しかし増山医師が言うように、四つのHがその危険を高めていることは間違いないし、またこの四つのHは高所登山に含まれる要素であり、どうにも避けがたいものであり、言うなれば高所登山そのものが突然死の危険をはらんでいるということになる。

突然死を防ぐために

危険因子の排除

前述のオーストリア人のM・ブルシャー医師の報告やこれまで本書で検証してきた事例を見ると、突然死を防ぐには事前に健康診断をきちんと受け、規則正しい日常生活と定期的な運動を心がけることが重要だということがわかる。これによって高血圧、糖尿病、高脂血症などの生活習慣病、狭心症、動脈硬化にかからないようにすることこそが、突然死の危険を低くする方法である。残念なことに、今回紹介した事例の多くには、このような危険因子を抱えていた登山者が見られた。

これらは適切な治療を受け生活習慣を見直せば、ある程度は改善できコントロールもできるので、自分を律する努力が必要だ。

また、疲労などのストレスも突然死の誘因となる。

日ごろの激務を押して夏合宿に参加し、入山途中で突然死した例がある。彼の場合、優秀なクライマーであり十分な体力もあった。彼にとってなんでもない道のり

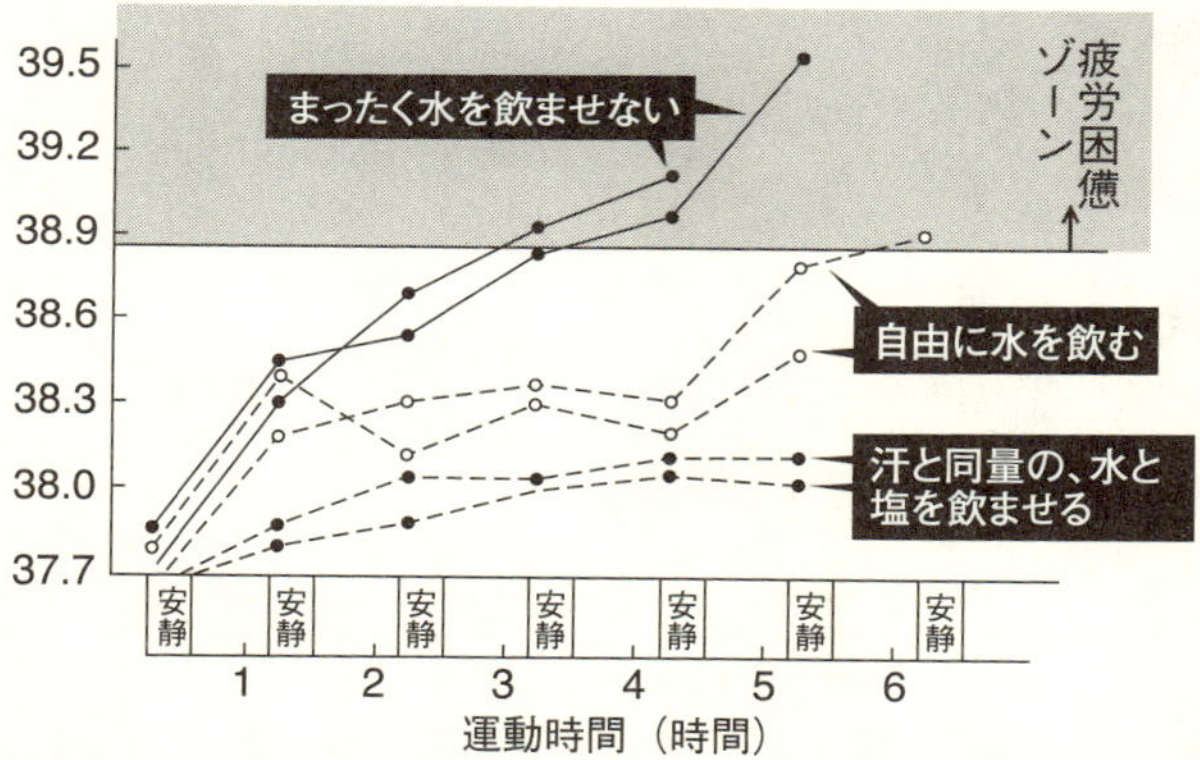

水を飲む条件を3タイプ設定し、6時間のトレッドミル歩行をしたときにどれだけ体温が上昇したか表したグラフ、各条件で同じ被験者が2回ずつ運動している。脱水が運動能力の低下、疲労感を招いていることがわかる。（Pittsら、1994）

	体重の水分欠乏比
軽傷	2％まで
中等症	2から6％
重傷	6％以上 意識障害・血圧低下

上記は体重と比較して、どれくらい水分が欠乏すると危険かを示したもの。水分欠乏は体重の2％以内に留めなければいけない。次の計算式を参考にするとよい。

◆脱水量（g）＝5g×体重（kg）×時間

◆必要な水分摂取量＝5g×体重（kg）×時間－20×体重（kg）となる。

たとえば、体重60kgの人が７時間の登山をする場合は次のようになる。

5g×60kg×7時間－20×60kg＝900g

よって、2100gの脱水があり、最低900gの水分を摂取する必要がある。

である夏の涸沢への入山途中で死亡したのだ。周囲の話では、ともかく「最近は疲れている」「仕事で疲れて死んでしまいそうだ」ともらしていたという。日常の休息も重要だ。

登山前は留守にする間の仕事や家事を無理して行なったり、登山の準備に追われて前夜に遅く寝たり、夜間に移動して睡眠不足のまま入山することが多々ある。このようなこともなるべく避けるようにしたい。

登山中に気をつけることとして、水分摂取は重要な事項である。これまで繰り返し述べてきたように、脱水になると血液の粘稠度が増加しやすくなり心筋梗塞や脳梗塞の誘因となる。なるべくこまめにたくさん水分を摂取する。また、山に入る前にたくさん水分を飲むことも効果的であり、下山後もビールに気をとられずに、まずは十分な水を飲むとよい（二百三十一ページの図表参照）。

迅速な処置

瞬間突然死でない場合は、周囲の人には救命処置が求められる。そのためには、胸骨圧迫（心臓マッサージ）の方法、それぞれの症状に適した体位について、その

心肺蘇生を行なう手順

●連続事故などの危険がある場所以外は動かさないで行なう

（楕円）は観察　（四角）は手当て

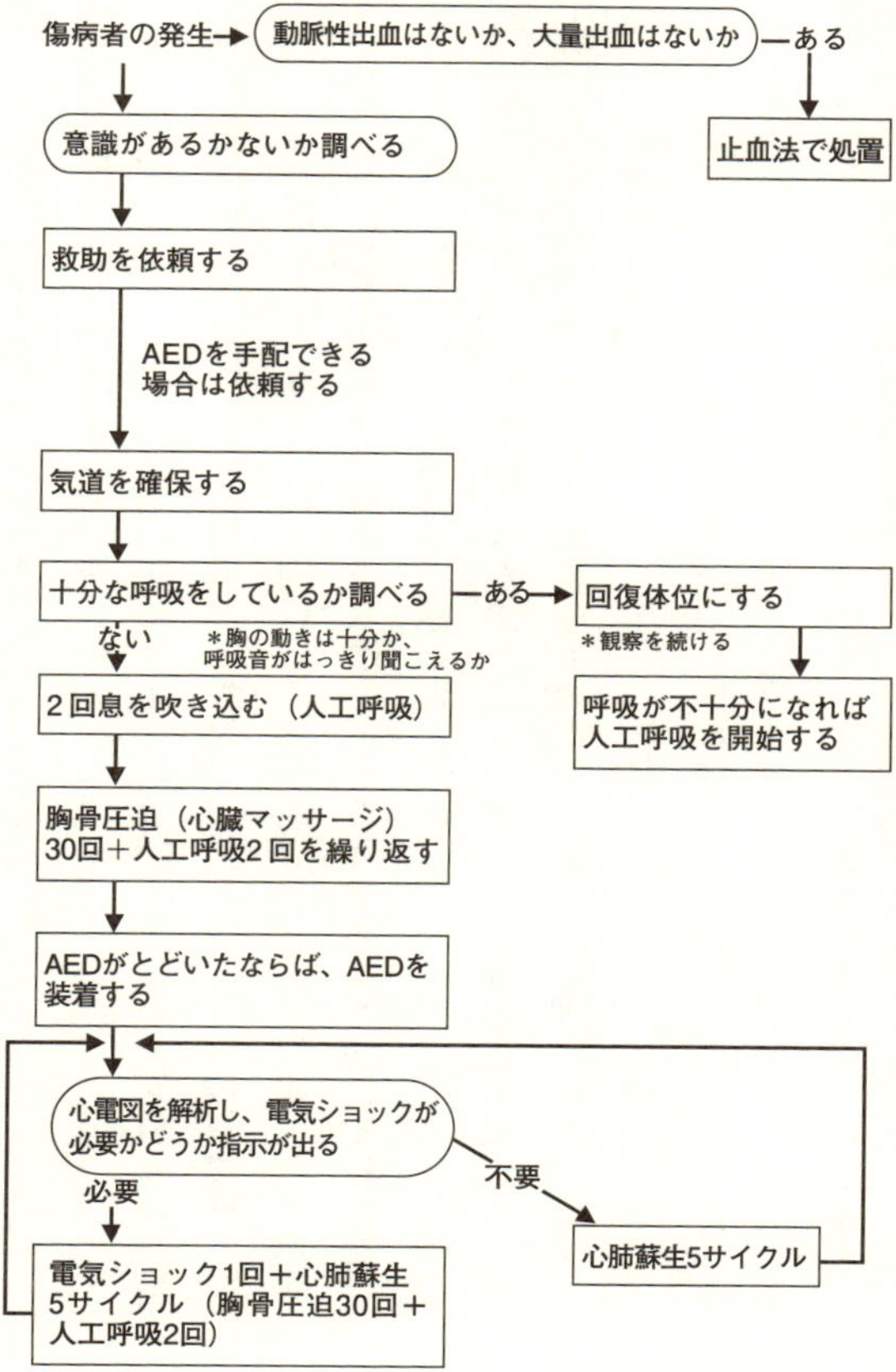

他のケアやＡＥＤ（自動体外式徐細動器）の使い方を学ぶことが必要だ。心肺蘇生法の手順については二百三十三ページの表を参照されたい。

救命処置の方法は年々見直されその基準も改定されているのと、また登山者自身も繰り返し練習しなければいざというときに使えないので、年に一回を目安に講習を受けることを勧めたい。書籍からの知識だけでなく、講習の場で実技を実践して学んでほしい。今回取材したなかには、同行者の突然死を経験して以来、毎年講習を受けている女性がいた。使えない知識ではなく、どんなときにも使える技術を身につけなければ、なんの役にも立たないと感じたからだ。

最近も心肺蘇生法に関して新たな指針が出た。これまでの心肺蘇生法は、人工呼吸と胸骨圧迫（心臓マッサージ）を併用するものだったが、人工呼吸を省略しても有効であることがわかってきた。二〇〇八年三月には、アメリカ心臓協会が胸骨圧迫のみの心肺蘇生法を勧める声明を出し、日本国内でもそのように指導する機会が増えている。胸骨圧迫だけに専念できれば、技術は習得しやすく、現場での混乱も避けられるという利点もある。ただし、小児と溺水の場合は人工呼吸も必要である。

ＡＥＤが普及したのは最近のことである。二〇〇四年に一般の人によるＡＥＤの使用が可能になった。いまでは、駅や空港、公共施設など大人数が集まる場所で多く見かけるようになったが、最初は飛行機内で使われはじめた。その後、日本では、マラソン中にランナーが倒れてＡＥＤで救命された事例や、二〇〇五年の愛知万博で四人が救命されたことで、世間も注目をした。愛知万博の場合、来場者数が二千二百万人であり、ＡＥＤは百台設置されていた。

ＡＥＤの有効性について語るとき、引き合いに出されるのが「ラスベガス・カジノ・スタディ」であると、神尾医師が紹介してくれた。一九九八年のデータである。ラスベガスのカジノにはギャンブルに興じる多くの人が集まるが、ギャンブルは興奮する反面、多大なストレスが加わり、ここで倒れる人が多く、カジノにもＡＥＤが設置されている。医療チームが到着するには八～九分かかるが、ＡＥＤまでの移動時間であれば四分程度ですむからだ。ラスベガス・カジノ・スタディによると、心室細動（致死性不整脈）になった人が回復し病院から退院できる率は五十三パーセントであり、周囲の人が倒れたのを見ている場合は五十九パーセント、三分以内にＡＥＤを作動させた場合は七十四パーセントだといっている。つまりこれは、四人に三人はＡＥＤで救命され、ＡＥＤは有効であることを示している。

また、山小屋や山麓の大型施設にもＡＥＤを設置するところが増えてきた。昨年（二〇〇七年）夏には、富士山の七合目以上にある十四の山小屋にＡＥＤを設置することが決まった。（二〇一七年現在では、富士山については、ほとんどの山小屋にＡＥＤが設置され、ＡＥＤで救命された事例も複数ある。また日本アルプスなどの山域でもＡＥＤを設置している山小屋が多数ある。）

ＡＥＤは自動体外式徐細動器という名称の通り、機器についている電極を患者の胸に貼り付けて作動させると、電気ショックが必要かどうかＡＥＤが自動分析し、音声で教えてくれる。その指示に従いスイッチを押してＡＥＤを作動させる。胸骨圧迫と同様に心肺蘇生法の一環になるので、ＡＥＤの使い方についても講習を受けよう。

二〇〇五年十月に奥多摩で行なわれた山岳レースで、男性がＡＥＤで救命された。彼の場合、発見者がすぐに胸骨圧迫を施し、その間に連絡を受けた救助隊がＡＥＤを使って救命したという恵まれたケースであるが、ＡＥＤがあれば救える命もあるのだということが改めてわかった。この山岳レースでは〇五年からＡＥＤを準備し、救助隊と医療班が携帯していた。

救助隊が到着したときには、彼は昏睡状態であったが致死性不整脈は認められなかった。悪天でヘリコプターが飛べなかったため、AEDを装着しながら登山道を搬送。搬送中にAEDの心電図モニターに致死性不整脈（心室細動）が出現したが、これを確認してすぐにAEDを作動させたところ劇的に徐細動することができた。救助から六時間後に医療機関の集中治療室に収容され、その後の治療とリハビリにより完全な社会復帰を果たしているという。

彼の場合、二度死亡していると言ってもよい。救助隊による心肺蘇生がなければ死亡しただろうし、またAEDによる救命がなければ、やはり助からなかった。

心室細動という致死性不整脈は、心筋が無秩序に震えている状態で、そのままでは心臓のポンプ機能が落ちて死に至る。この細動を取り除くことができれば、救命できるのだ。しかし、徐細動（細動を取り除く）ができても、一分を過ぎるごとに七〜十パーセントの割合で生存率は低下していく。また救命できたとしても、時間が経過したあとでは脳などに障害が残る危険が多い。

山岳レースの男性の場合、すでにAEDを装着して心電図をとりながら搬送していたため、心室細動が出現して一〜二分後にはAEDを作動させることができている。この点も彼を救命できた鍵である。

また、狭心症、心筋梗塞、脳卒中のような重篤な疾患を疑った場合は、躊躇せずにヘリコプターの出動依頼をするしかない。現場でできることはごくごく限られていて、一刻も早く医療機関に搬送することが重要だからだ。近年、山岳救助用のヘリコプターをまるでタクシー代わりに利用する登山者が増えているという話をよく聞く。ちょっとした疲れで安易にヘリコプターの救助を依頼し、そうすれば簡単に病院に運んでくれると勘違いしている登山者がいるという。それとこの話は別である。日ごろから突然死の危険因子を減らす努力をし、登山中も細心の注意を払い続けていれば、緊急の際にヘリコプターを依頼するのは致し方ない。

メディカルチェックの重要性

職場や地域の健康診断受診は最低限として、それに加えて心電図や四十歳以上の場合は負荷心電図試験や心エコーも受けるのが望ましい。これによって不整脈や狭心症などの心疾患を見つけることができる。しかし、負荷心電図は実施できるところが限られているのと、方法が難しいため、医師や環境を選ぶことが難点である。

また、血縁者に脳梗塞や心筋梗塞、狭心症の既往歴がある人がいる場合は、自分自身もその病気にかかりやすいことを認識し、一層注意を払う。このように登山者のメディカルチェックの重要性をかんがみ、登山医学会は「登山者検診ネットワーク」を始めた。これは高所での海外トレッキングを多く扱っている専門特化型旅行社であるアルパインツアーサービス、ウェック・トレック、ヒマラヤ観光開発と提携して行なっているものだ。

二〇〇六年十月から一年間の試験運用として、前述の三社が企画する標高三八〇〇メートル以上に滞在する登山、トレッキング、旅行に参加する人を対象としてスタートした。日本登山医学会会員の登山医学専門医とネットワークを組み、血液検査、尿検査、心電図、また登山者の過去の最高到達高度、その際の高度障害の有無や内容などを、登山経験が豊富な専門医が問診する。さらに、高所・低酸素という特殊な環境を考慮しながら、参加者にアドバイスをしていく。検診結果に問題がある場合はさらに詳細な検査をするほか、受診者には海外で使用できる英文併記の健康診断書を出している。

一年間の試験運用期間中には、三百九人が受診した。平均年齢は男性が六十三歳、女性が五十八歳であり、受診者のうちの五人の男性が「医療が必要であるから中止」を勧告された。また三人の男性が「要注意、経過により中止することが望ましい」と判断された。検診では異常所見があったものの、経過観察中に改善し参加できた人が男女ひとりずついる。

登山者検診ネットワークは、一年目の試験運用期間を終え、現在（二〇〇七年）は二年目の試験運用期間に入った。これまでは前述の三社で首都圏を中心に試験的に行なってきたが、受け入れ医療機関も増えており、また全国に提携医師を拡大していく方針だ。今後はほかの旅行会社にも呼びかける計画もあるが、それには旅行会社自体の安全意識の向上も求められるだろう。

担当医師は現在では日本登山医学会会員で豊富な山岳医療経験をもつもので構成されているが、今後は、国際的な山岳医認定制度の有資格者となること、また日本独自の認定医師制度を設けることも念頭に置き、研修会などを開催して提携できる医師を増やしていくことも考えている。（なお、二〇〇六年から始まった四年間の試験運用のあいだに、約千人が受診し、二〇一〇年九月からはＪＳＭＭ〈日本登山医学会〉登山者検診ネットワークとして正式に運用を開始した。二〇一七年現在では、全国の十八の医療機関で受診できる。）

登山に精通した医師による検診制度の確立、そこでのデータ蓄積は、突然死のデータ蓄積とともに今後登山中の突然死を減らしていくのにおおいに役立つであろう。また、登山者検診ネットワークは三八〇〇メートル以上の海外登山・トレッキングを対象としているが、国内の登山においても、同様のメディカルチェックが必要である。

また、心肺蘇生法の講習会の実施や登山者が突然死の危険因子を理解し、自己管理によってそれを減らしていく努力も、突然死を減らす大きな力となる。

登山中の突然死を減らすには、何よりも本人の意識と行動の改善が必要である。さらにはそれに伴って、医師との連携、ほか登山にかかわるすべての職業の人たちの協力も必要である。各方面が連携することによって、データや情報が蓄積され、登山中の突然死について明らかになることも増えてくるだろう。今後はあらゆる組織の壁を横断した連携を探っていくこと、情報の開示と交換が重要と考える。

参考文献

日本山岳会医療委員会『山の救急医療ハンドブック』（山と溪谷社）
熊木敏郎『突然死はなぜ起こる』（日本プランニングセンター）
Ernst Jokl『スポーツと突然死』（メディカル葵出版）
山本正嘉『登山の運動生理学百科』（東京新聞出版局）
黒田芳雄・中嶋寛之『スポーツ医学Q＆A2』（金原出版）
日本体力医学会学術委員会『スポーツ医学基礎と臨床』（朝倉書店）
増山茂・古野淳・柏澄子「山岳」第一〇二号・二〇〇七年（日本山岳会）
野口いづみ・柏澄子「検証山の突然死遭難」「山と溪谷」二〇〇六年三月号（山と溪谷社）
神尾重則「団塊世代のザ・デイ・アフター」「山と溪谷」二〇〇六年五月号（山と溪谷社）
神尾重則「活性酸素と健康登山」「山と溪谷」二〇〇六年八月号（山と溪谷社）
柏澄子「高所と突然死の関連性」「山と溪谷」二〇〇七年十一月号（山と溪谷社）
浅地徹・谷崎義生・桜井英一郎・藤巻高光・松谷雅生・宋時栄・桶田理喜「一九八三ローツェ・エベレスト遠征医療報告：高所における脳静脈血絵症例を中心に」「登山医学」第四巻一九八四年（日本登山医学会）
齋藤繁、田中壮吉「高所登山で起こる脳静脈洞血栓症：ガッシャーブルムI峰で発症した一例」「登山医学」第二十三巻二〇〇三年（日本登山医学会）
増山茂「高地での突然死：病理学的証明のある症例を考える」「登山医学」第二十四巻二〇〇四年（日本登山医学会）
神尾重則・船山和志・大森薫雄・野口いづみ・大友健一郎・原義人「日本山岳耐久レース中、御前山で心肺停止をきたし、CPRとAEDで救命しえた一例」「登山医学」第二十六巻二〇〇六年（日本登山医学会）

あとがき

登山中の突然死について、最近報道で目にすることが多くなり、登山者の関心も高まってきたというのは、中高年登山者の増加が背景にあると考えられる。日本山岳会が主催したシンポジウム「山での突然死を考える」(二〇〇五年一月)と「高所登山における突然死を考える」(〇七年八月)では、会場が満席になった。私もふたつのシンポジウムを元に、「山と溪谷」の〇六年三月号と〇七年十一月号に記事を執筆し、いくつかの事例を取り上げた。本書はこれらの雑誌記事が下地となったものであるが、収録した五つの事例は、すべて新たに取材をした。

雑誌記事から数えて、合計十三事例について執筆し、また記事にはならなかった事例を合わせると二十事例以上を見てきた。全体の発生件数からするとごくわずかなものであるが、これらを通じてわかったことは、おそらく、登山中の突然死全体を俯瞰したときに見えてくることと共通すると考えている。

ひとつは、突然死のほとんどが心臓疾患であるということだ。また、朝方に多く、性別でいうと男性が圧倒的に多い。突然死を引き起こす主な危険因子は、加齢、高血圧、高脂血症、糖尿病、喫煙、脱水である。加齢は誰もが通る道としても、それ以外の危険因子については、誰でもリスクを減らすことができるものだ。

つまり、突然死のリスクを減らすには、適度な運動と休養、栄養バランスのよい食事、規則正しい生活、ストレスをためないこと、禁煙が重要であり、また自分の健康状態を把握するためには定期的に健康診断を受け、必要な治療をすることだ。さらには、自分の体力や体調に合った登山を計画し、登山中は無理をせず、十分な水分摂取をすることだ。

述べるのは簡単なことであっても、これを実行するのは実は難しい。耳の痛い人も多いはずだ。しかし、長く登山を楽しもうと思うのならば、気をつけなければならない。

また、高所登山での事例をふたつ取り上げた。そのうちのひとつは突然死には至らなかったものの、重篤な後遺症を残し、一時はリハビリに苦心したものだ。いずれも八〇〇〇メートル峰登山の事例であるが、同様の事故および未遂は、六〇〇〇メートル峰の登山、山岳ガイドの登山ツアーを使って多くの登山者が訪れるキリマンジャロ（五八九五メートル）、エベレスト街道のような人気のあるトレッキングコース、あるいはチベット高原を自動車で行く旅行などにもある。高所登山に縁のない方にも、どうか読んでいただきたい。

突然死の取材を始めてわかったことは、蓄積されたデータがないということだった。増山茂医師の紹介で、オーストリアのM・ブルシャー医師のデータを見ることができたが、おそらく世界中を探しても彼のデータしかないかもしれない。私の方では、集めた新聞記事（友人・知人の協力もあり）のほか、日本勤労者山岳連盟や青梅警察署山岳救助隊などに協力をいただき、データを集めた。M・ブルシャー医師のデータとも共通点があり、前述のような突然死の傾向が見えてきた。

今後さらに登山中の突然死について検証し、その犠牲者を少しでも減らそうと考えるとき、データの蓄積が必要なのではないだろうか。死亡事故であるため、情報公開が難しい場合や心情的なためらいがあるのは理解できるが、登山社会に貢献するためにも、事例を公にすることに協力いただきたいと、私の立場からは願う。

突然死を減らすには、登山者自身がその危険因子を減らすことや、また万が一倒れた場合には周囲が迅速に救命処置をとれるように、日ごろから心肺蘇生法やAEDの使用方法を習熟しておく必要がある。

さらには、情報の公開や提供された情報を元に、医師や各種の山岳団体、山岳ガイド、山岳地域を専門とした旅行会社、山岳雑誌編集部、執筆者など、登山に関連するさまざまな職業の人たちが、その垣根を取り払い、検証し、警鐘を鳴らし続けるしかないのではないだろうか。

本書では、取材し原稿執筆したものの収録できなかった事例がひとつある。遺族の考えにより、校了日直前に収録を取りやめた。愛する者を喪ったものの悲しみは深い。しかし、その悲しみを少しでも減らすことを念頭に置き、私は本書を執筆した。本書が読者にとって、山の突然死について考えるきっかけとなれば、本懐である。突然の死に至ってしまった方がたには、心からご冥福をお祈り申し上げます。いずれ、彼らの魂の前に本書を届けたいと思う。

また、実名報道を原則としたが、当事者の意向により一部を仮名とした。敬称を省き、年齢は事故当時のものとさせていただいた。非礼があったとしたら、ご容赦いただきたい。

死亡事故という不幸な結果に終わり、悲しみのなかにある遺族、山の仲間など関係者の方がたには、こちらの一方的な依頼であったにもかかわらず協力いただいた。彼らの協力なくしては本書を執筆することはできなかった。また、各事例について検証してくださったのは、日本山岳会医療委員会や日本登山医学会に所属する自らも登山に親しんでいる医師の方々だ。前著の『山の救急医療ハンドブック』や突然死のシンポジウムのときからお世話になっている。そして、未熟な執筆を最後までお世話いただいたのは山と溪谷社の神長幹雄氏である。皆さんに、心からお礼申し上げます。ありがとうございました。

二〇〇八年六月七日　　柏　澄子

文庫版のあとがき

拙著『ドキュメント 山の突然死』を出版して以来、「登山中の突然死」をテーマにした講演の依頼は数知れずあった。出版後も、新聞やウェブ上の報道を中心に登山中の突然死に関する記事は収集し続け、また本著のときにご協力いただいた日本勤労者山岳連盟のおかげもあり、ある程度のデータを集めることができている。それらのアップデートされたデータも加えて、講演を行なってきた。

突然死に至るメカニズムはすでに解明されていることであり、時代に関係なく変わらない。突然死がある程度は予防できる事柄であることにも、変わりはない。単行本のあとがきにも書いた通り、登山者自身が突然死の（加齢以外の）危険因子を減らすことができるはずだ。つまるところ、高血圧、高脂血症、糖尿病、喫煙、脱水といった危険因子は、日常生活や登山中に登山者が少しずつであっても減らすことができる因子である。そういったことからすると、とくに新たなトピックがあるわけではない。

一方で、われわれ登山者を取り巻く環境は、少しずつ変容、進化している。たとえばＡＥＤ（自動体外式除細動器）。駅、公共施設、学校、ショッピングモール、スポーツ施設、遊園地、会社などが入った共同ビル、集合住宅などいたるところで見かけるようになった。公益社団法人日本心臓財団のデータによると、二〇一四年までの十年間のＰＡＤ（公共施設などに設置された一般市民が作動できるＡＥＤ）の販売台数は、五十一万六一三五台、医療機関に設置されたものが十万四七二一台、消防機関設置が一万五一五一台、合計六十三万六〇〇七台である。この台数を国民ひとりあたりに置き換えたとき、世界最高水準であるとされている。

文庫本の本文にも加筆した通り、山小屋にも多く設置されるようになってきた。心室細動は、致命的な不整脈である。この心室細動により突然の心停止を起こした人がいた場合、近くにＡＥＤがあれば、救命率は高まるだろう。

もうひとつ、野外救急法についても触れたい。文字通り、野外における救急法のことであり、救急車がすぐにはやってこない環境で、傷病者に対して行なうファーストエイドだ。

　私たちが活動する山岳地域には、救急車はすぐにはやってこない。傷病者を医療機関に届けるのに時間がかかり、また救助隊が来るとしても、それまでの環境が室内や都市部とは違い厳しい条件にある場合も多い。降雨や降雪があったり、気温が高かったり低かったり。さらには搬送の条件が整わない場合もある。たとえば脊椎損傷の疑いがある受傷者を、バックボードやストレッチャーに完全に固定して搬送することができない場合もあるだろうし、固定が遅れる場合もあり得る。どんな傷病者であれ、ストレッチャーに横たわって搬送されればある程度の痛みや苦しみを軽減できたとしても、背負い搬送だったら、それはかなわない。けれど、私たち登山者はそういった環境で活動しているのであり、だからこそ、「野外」でいかに傷病者の状況を観察し、評価し、ファーストエイドを施すか、その知識と技術が野外救急法である。

　実際に、登山中に突然の死にいたるようなことが発症した場合、心肺蘇生法を施しても、その命を救うことは簡単ではない。それは本書のいくつかの事例からも、理解いただけるだろう。けれど、心肺蘇生法に限らず、登山者がなにもなすすべをもっていないというのは、あまりにも残念なことだ。仲間の、あるいは山岳ガイドであれば顧客の命を救うこと、救命しようと努めることは、当然の行為であり、またチーム全体、自分自身の命を守ることでもある。野外救急法は、登山技術のひとつだとも考えられよう。

北米からやってきた「野外救急法」が（実際にはヨーロッパや北欧などにもある）、この十数年で国内でも講習会が開かれるようになった。山岳ガイドであれば長時間のプロフェッショナルコースを受講するが、登山愛好者のためには受講しやすい週末コースもある。こういった学びの場は、突然死だけでなく登山中のあらゆる傷病に備える貴重な機会となる。

私が登山中の突然死について取材し、講演してきたなかで、忘れられなかったのは、親しく近しい人、愛する大切な人を突然亡くした人たちのことだ。亡くなった者たちもさぞかし無念だっただろう。あるいは、無念を感じる間もなく、命を落とした。しかしそれと同じぐらい、周囲がもつ悲しみや悔しさ、無念さがどれほどのものか、取材に協力してくださった方々と話し、またその後もお便りをいただきお付き合いするなかで、いつも考えていた。

私たち登山者は、山が好きで山に登りたく、登山をしている。それは本人の自由である。けれど、登山には突然死を含めた、死に至るリスクがあり、それをゼロにすることはできない。その事実を重たく受け止め、できるかぎりの努力をしてリスクをマネジメントしたうえで、リスクテイクすることが、好きなことをする者の責任なのではないだろうか。

先日、伊吹山で妻を亡くした牧田攻巳さんがお亡くなりになっていたことを知った。妻が治療を必要とする糖尿病を患っていたことに、夫である牧田さんは気づかず、病院に連れてくこともできないまま、彼女は死亡した。そのことをとても悔やんでいた。悔やみきれない深い悲しみのなかにありながら、取材に協力してくださったことが、忘れられない。そんな辛い取材に付き合わせてしまったにも関わらず、その後もお便りをくださった。引っ越しのたびに、律儀にその報せもくださった。彼の気持ちに直に触れた者としても、少しでも防ぐことのできる突然死や事故というのは、防ぐ努力をしたいと切に思う。

チョモランマで、目の前で登山仲間の大田祥子さんの死を見届けた高橋和夫さんが、昨年秋にスポーツジムで突然の死に至ったことも、知った。彼にも何度も辛いインタビューをお願いした。そのたびに誠実に応えてくださり、その後も旅先から絵葉書を、あるいは季節の便りも必ずくださった。しばらく声が届かないなあと思っていた矢先のことだった。サブスリーのマラソンランナーであり、頑丈な身体をもっていた彼が、どうして突然死したのか、詳細はうかがっていない。チョモランマのガイドをした近藤謙司さんが「あれほどタフな人でも、亡くなるのだなあ」と話したことが耳に残っている。

おひとりおひとりの名前を挙げることはできないけれど、こういった多くの方々のご好意により、本著はできあがった。彼らの無念や悲しみに少しでも報いるためにも、今回本著が文庫化されたことを感謝し、多くの方々に読んでいただきたいと思っている。

機会をくださった株式会社山と溪谷社、単行本の際に編集を担当してくださった神長幹雄さん、文庫本の編集を担当してくださった米山芳樹さんは、私がライターになった駆け出しのころから、ずっとお世話になってきたおふたりだ。心からお礼申し上げます。

なお、文中の年齢や所属は当時のままにしてあること、ご承知おきください。

二〇一七年五月末

柏　澄子

ドキュメント　山の突然死

二〇一七年八月五日　初版第一刷発行

著　者　柏 澄子
発行人　川崎深雪
発行所　株式会社　山と溪谷社
郵便番号　一〇一－〇〇五一
東京都千代田区神田神保町一丁目一〇五番地
http://www.yamakei.co.jp/
■商品に関するお問合せ先
山と溪谷社カスタマーセンター
電話　〇三－六八三七－五〇一八
■書店・取次様からのお問合せ先
山と溪谷社受注センター
電話　〇三－六七四四－一九一九
ファクス　〇三－六七四四－一九二七

フォーマット・デザイン　岡本一宣デザイン事務所
印刷・製本　株式会社暁印刷

定価はカバーに表示してあります

Printed in Japan ISBN978-4-635-04840-8